V&R

Christine Lehmann/Martin Schmidt-Kortenbusch

Dialogorientierter Religionsunterricht in integrierten Schulsystemen

Unterrichtsplanungen und -materialien zu zentralen Themen der Sek I

»Wer bin ich?« - Nachdenken über Schöpfung und Mitwelt (Jg. 5/6)

»Der Frieden - ein unerfüllbarer Wunschtraum?« Eine Unterrichtssequenz für Klasse 7/8 nach dem Dialogmodell

»Die Kirche hat doch immer mit den Mächtigen paktiert« ...? - Die Kirchen im Nationalsozialismus (Jg. 9/10)

Vandenhoeck & Ruprecht

Mit 46 Abbildungen

Bibliografische Information der Deutschen Nationalbibliothek

Die Deutsche Nationalbibliothek verzeichnet diese Publikation in der Deutschen Nationalbibliografie; detaillierte bibliografische Daten sind im Internet über http://dnb.d-nb.de abrufbar.

ISBN 978-3-525-77020-7

Weitere Ausgaben und Online-Angebote sind erhältlich unter: www.v-r.de

Umschlagabbildung: © VGstockstudio/shutterstock
Alle Abbildungen S. 46: © PublicDomainPictures

Satz: SchwabScantechnik, Göttingen
Druck und Bindung: ⊕ Hubert & Co GmbH & Co. KG, Robert-Bosch-Breite 6, D-37079 Göttingen

Gedruckt auf alterungsbeständigem Papier.

Inhalt

Leitgedanken

Warum ein dialogorientierter Religionsunterricht? In Gesellschaft und Schule nimmt die Vielfalt der Menschen zu. Die wachsenden Fluchtbewegungen aus dem Nahen und Mittleren Osten und aus Afrika verstärken diese Tendenz. Ob gegenseitige Wertschätzung und ein gedeihliches Zusammenleben zwischen Menschen unterschiedlicher Kulturen gelingen, hängt nicht zuletzt von der Dialogfähigkeit des Einzelnen ab, – auf die Zukunft gerichtet – besonders von der Jugend. Der Religionsunterricht, der in Verbindung mit einer religiös-weltanschaulichen Identitätsbildung Toleranz und Verständigungsfähigkeit anbahnen will, muss sich in seinen Inhalten und Methoden an den unterschiedlichen Dimensionen des Dialogs orientieren, will er glaubwürdig für diese Ziele eintreten. Folgende Merkmale kennzeichnen einen dialogorientierten Religionsunterricht:

- Er pflegt den fairen Streit der Meinungen über biblische, theologische, weltanschauliche und ethische Positionen.
- Er nimmt gemeinsame Gespräche über die »großen Fragen nach dem Menschen und der Welt« ernst und räumt ihnen genügend Zeit ein.
- Er motiviert, Erfahrungen einzubringen, aktiv zuzuhören, nachzufragen und perspektivenbewusst zu argumentieren.
- Er beteiligt die Schülerinnen[1] an der Planung, Durchführung und Auswertung des Unterrichts.
- Er gestaltet die Rückmeldung und Bewertung von Leistung dialogisch.
- Er gibt der offenen und wertschätzenden Kommunikation mit Menschen anderer Konfessionen, Religionen und Weltanschauungen Raum.
- Er bringt Schüler der Religionsfächer und Schüler des Alternativfaches (je nach Bundesland: Werte und Normen, Ethik, Philosophie) miteinander ins Gespräch.
- Er trägt mit wichtigen Themen und anregenden Gesprächspartnern zum Schulleben bei.

Warum wurde dieser Band eigens für integrierte Schulsysteme konzipiert? Integrierte Schulsysteme zielen darauf, die traditionelle Dreigliedrigkeit – bzw. sogar Viergliedrigkeit – im deutschen Schulsystem abzumildern oder weitgehend aufzuheben.[2] Die verschiedenen Schularten werden zu einer neuen, eigenständigen Schuleinheit umgestaltet, die mehr Chancengerechtigkeit verwirklichen und den Schülerinnen möglichst lange alle möglichen Schulabschlüsse offen halten will. Diese integrierten Systeme haben je nach Bundesland unterschiedliche Namen, z. B. Gemeinschaftsschule, Integrierte Gesamtschule, Kooperative Gesamtschule, Oberschule, Sekundarschule. Innere und äußere Fachleistungsdifferenzierung werden in den integrierten Systemen auf unterschiedliche Weise gehandhabt.

Vielfalt – und zwar in besonders ausgeprägter Weise – ist das Charakteristikum ihrer Schülerschaft: sozial, kulturell, intellektuell, religiös, weltanschaulich, politisch. Und diese wird weiter zunehmen. Vielfalt pädagogisch sinnvoll zu gestalten, ist eine Herausforderung, vor der besonders Lehrerinnen integrierter Schulsysteme jeden Tag aufs Neue stehen. Auch der Religionsunterricht ist davon betroffen. Viele Religionslehrer stellen sich dieser Herausforderung mit großem Engagement, merken aber tagtäglich, dass ihnen zu wenig Zeit bleibt, differenzierende Aufgabenstellungen und Materialien selbst zu erarbeiten.

Dieser Band will Religionslehrkräften, Referendaren und Lehramtsstudierenden dafür am Beispiel von drei ausgearbeiteten Unterrichtssequenzen praktische Anregungen zu zentralen Themen geben.

Die Unterrichtsplanungen und Materialien dieses Praxisbandes ergänzen unser *Handbuch Dialogorientierter Religionsunterricht.* Sie können aber auch unabhängig davon verwendet werden. Die sachlichen, didaktischen und methodischen Vorbemerkungen dieses Praxisbandes beschränken sich auf die notwendigen Angaben, sodass ein rascher Überblick über die Planung und deren didaktisch-methodische Begründungen möglich ist.[3]

Die drei Unterrichtsentwürfe berühren zentrale Fragen des Religionsunterrichts:

- die nach dem Ich und seiner Stellung in der Welt (Schöpfung),
- die nach den Voraussetzungen und Wegen eines lebensdienlichen Zusammenlebens der Menschheit (Frieden),

- die nach der Rolle und Bedeutung der Kirche in Geschichte und Gegenwart (Die Kirchen im Nationalsozialismus).

Die Unterrichtssequenzen setzen unterschiedliche didaktische Akzente.

In dem Entwurf »›Wer bin ich?‹ – Nachdenken über Schöpfung und Mitwelt« stehen folgende Aspekte im Mittelpunkt:
- erfahrungsbezogene Lernzugänge, Sensibilisierung für scheinbar Selbstverständliches,
- theologisch-philosophische Gespräche über Schöpfung und die Verortung des Menschen,
- das Anbahnen selbstständigen Lernens durch Stationen-Arbeit und Phasen der Gruppenarbeit.

Die Unterrichtssequenz »Der Frieden – ein unerfüllbarer Wunschtraum?« rückt folgende Aspekte ins Zentrum:
- das Beschreiben und Deuten von Bildern und Friedenssymbolen,
- das Einbeziehen der Schüler in die Unterrichtsplanung mittels einer Lernlandkarte,
- das Anbahnen von Dialogkompetenz durch Diskussionen mit dem Kurs des Alternativfaches über die biblisch-theologische und die philosophische Sicht des Friedens.

Der Entwurf »›Die Kirche hat doch immer mit den Mächtigen paktiert‹ …? – die Kirchen im Nationalsozialismus« setzt folgende Akzente:
- Prinzipien der inneren Differenzierung und des selbstgesteuerten Lernens,
- Wahldifferenzierung nach Schülerinteressen,
- selbstständiger Umgang mit Text- und Bildquellen.

Wir wünschen Ihnen und Ihren Schülern viel Freude mit diesem Band.

Christine Lehmann und Martin Schmidt-Kortenbusch

1 In diesem Band werden die männliche und die weibliche Form im Wechsel verwendet, das erspart umständliche Formulierungen und macht dennoch deutlich, dass es immer um beide Geschlechter geht.

2 »Viergliedrigkeit« berücksichtigt die Förderschule als eigenständige, gleichberechtigte Schulform, vgl. dazu Kap. 2.7.1 in Lehmann, Christine/Schmidt-Kortenbusch, Martin: Handbuch Dialogorientierter Religionsunterricht. Grundlagen, Materialien und Methoden für integrierte Schulsysteme, Göttingen 2016, S. 80.

3 Ausführlichere didaktische Überlegungen finden sich im 5. Kap. des Handbuchs. Beispiele für Tests, eine Testersatzleistung sowie entsprechende Rückmeldebögen zu den drei Unterrichtssequenzen sind in Kap. 6 zu finden.

Jahrgang 5/6: »Wer bin ich?« – Nachdenken über Schöpfung und Mitwelt

Didaktische Überlegungen

Bedeutung des Themas

Der Schöpfungsgedanke berührt grundlegende Fragen des Einzelnen: Wo komme ich her? In welcher Beziehung stehe ich zu den anderen Lebewesen? Auf wen kann ich mich verlassen? Gibt es eine höhere Instanz, der ich mich verdanke und die in der Welt wirkt? Wo gehe ich hin? All diese Ungewissheiten laufen auf die Frage »Wer bin ich?« hinaus. Sie steht im Mittelpunkt dieses Unterrichtsentwurfs.

Verhältnis der Schülerinnen zum Thema

Die Naturwissenschaften genießen hohes Ansehen bei den Schülern, weil sie Beobachtungen, die sie durch Untersuchungen und Experimente gewinnen, beschreiben, daraus Schlüsse ziehen, Hypothesen ableiten und Gesetzmäßigkeiten formulieren.

Die Rede von der Schöpfung hingegen wird von vielen Schülern als überholte Vorstellung belächelt, die im Widerspruch zur Urknalltheorie und zum Evolutionsgeschehen stehe.

Was es zu lernen gibt – inhalts- und prozessbezogene Kompetenzen

Anknüpfend an das angedeutete Verhältnis der Schüler zum Thema ist es wichtig, dass sie religiöse Sprache »lesen« und verstehen lernen.

Religiöse Sprache artikuliert existenzielle Wünsche, Sehnsüchte und Hoffnungen des Menschen und stellt damit die fraglose Selbstverständlichkeit des In-der-Welt-Seins infrage.

Religiöse Sprache bringt eine Rückbindung an eine transzendente Kraft zum Ausdruck, der der Mensch sich anvertraut und vor der er sich verantwortet.

Religiöse Sprache geht in Differenz zu der jeweils vorfindlichen Wirklichkeit und öffnet die Sinne für eine Sicht von Mensch und Welt, die mit dem Unverfügbaren rechnet.

Die Kompetenzen aus den niedersächsischen Kerncurricula Evangelische Religion und Katholische Religion für die integrierte Gesamtschule, Schuljahrgänge 5–10, die in ihren Kompetenzformulierungen weitgehend übereinstimmen, wurden dem, was es für die Schüler zu lernen gibt, zugrunde gelegt:

Die Schülerinnen und Schüler

- stellen dar, dass Christen den Menschen als einzigartiges Geschöpf und Ebenbild Gottes verstehen, begründen dieses biblisch und nehmen dazu Stellung (inhaltsbezogener Kompetenzbereich »Nach dem Menschen fragen«).
- beschreiben Inhalt, Aufbau und Aussageabsicht einer biblischen Schöpfungserzählung (inhaltsbezogener Kompetenzbereich »Nach der Verantwortung in der Welt und der Gesellschaft fragen«).
- stellen dar, dass alle Lebewesen aufeinander angewiesen sind und als Geschöpfe Gottes ein gemeinsames Lebensrecht besitzen (inhaltsbezogener Kompetenzbereich »Nach der Verantwortung in der Welt und der Gesellschaft fragen«).
- erläutern Möglichkeiten, zum Erhalt der Schöpfung beizutragen (inhaltsbezogener Kompetenzbereich »Nach der Verantwortung in der Welt und der Gesellschaft fragen«).
- analysieren und interpretieren zentrale biblische und theologische Texte (prozessbezogener Kompetenzbereich Deutungskompetenz – religiöse Sprache und Zeugnisse verstehen und deuten).
- beschreiben Situationen, in denen existenzielle Fragen des Lebens bedeutsam werden (prozessbezogener Kompetenzbereich Wahrnehmungs- und Darstellungskompetenz – religiöse Phänomene wahrnehmen und beschreiben).
- gestalten Aspekte des christlichen Glaubens – und kath.: exemplarisch auch anderer Religionen – ästhetisch, künstlerisch und medial (prozessbezogener Kompetenzbereich: Gestaltungskompetenz – religiöse Ausdrucks- und Gestaltungsformen verwenden).[1]

Religionspädagogische Akzente

Im Zusammenhang mit der Frage »Wer bin ich?« ist das Anbahnen von Wahrnehmungs- und Darstellungskompetenz ein wesentliches Anliegen.[2]

Das bewusste Wahrnehmen (z. B. Fühlen, Hören) vermeintlich alltäglicher Dinge kann die Sinne öffnen und Haltungen anbahnen, die den Umgang mit der Schöpfung verändern.

Die Schülerinnen sollen die Vorstellungen und Widersprüche, die der Begriff Schöpfung bei ihnen auslöst, in Sprache fassen. So lassen sich diese kommunizieren und mit anderen teilen.

Die Schüler denken im Sinne des Konzepts »Theologisieren mit Jugendlichen« gemeinsam darüber nach, was es bedeutet, wenn man die Welt als Schöpfung, den Menschen als Geschöpf und die anderen Lebewesen als Mitgeschöpfe wahrnimmt.

So werden Grundlagen für eine Gesprächskultur gelegt, auf die der Religionsunterricht immer wieder zurückgreifen kann.

Methodische Hinweise

- Damit sich jeder Schüler aktiv zu wichtigen Positionen in Beziehung setzt, werden ihm Möglichkeiten für individuelles und gemeinsames Gestalten geboten (z. B. sinngestaltendes Vorlesen, Gelesenes in Form einer Skizze visualisieren).
- Solche Prozesse brauchen Zeit. Daher geht der vorliegende Entwurf davon aus, dass der Religionsunterricht nach dem Doppelstundenprinzip organisiert ist.
- Im Anschluss an die Unterrichtssequenz kann ein Test geschrieben werden. (Ein Vorschlag findet sich in Kap. 6.3.2 im *Handbuch Dialogorientierter Religionsunterricht*).

1 Niedersächsisches Kultusministerium (Hg.): Kerncurriculum für die Integrierte Gesamtschule, Jahrgänge 5–10, Evangelische Religion und Kerncurriculum für die Integrierte Gesamtschule, Jahrgänge 5–10, Katholische Religion, Hannover 2009.

2 Vgl. KC Ev. Religion, KC Kath. Religion, S. 16.

Literatur

Oberthür, Rainer: Das Buch vom Anfang von Allem. Bibel, Naturwissenschaft und das Geheimnis unseres Universums, München 2015

Planungsübersicht[3]

1./2. Stunde: Schöpfung wahrnehmen - mit allen Sinnen

❶ Hinführung: Die SuS betrachten und beschreiben das Bild auf M1, freies UG, anschließend Überlegungen, welche Gedanken das Kind haben könnte.
❷ Erarbeitung: »Bewusst wahrnehmen« – Erkundungstour in der Natur (M2.1) Alternativ können auch Bilder angeschaut werden (M2.2).
❸ Ergebnissicherung: UG über die Naturerkundungen; die SuS setzen ihre Erfahrungen zu M1 in Beziehung.
❹ Vertiefung: Überleitung zum Gedicht (M1) durch L, der nur den Gedichtanfang darbietet; die SuS schreiben M1 weiter oder schreiben über eine eigene Naturerfahrung. Mögliche Aufgabe für SuS mit Förderbedarf »Lernen«: Male ein Bild von einer Situation, in der du dich ähnlich wie das Kind auf dem Feld gefühlt hast.

3./4. Stunde: Naturerfahrungen wahrnehmen, darstellen und eigene Ideen zum Thema einbringen

❶ Hinführung: SuS hören »Der Frühling« von Antonio Vivaldi (La Primavera, Op. 8, RV 269, z. B. auf YouTube einfach zu finden), äußern im Anschluss Gefühle und Gedanken; setzen die Musik zur vorausgegangenen Stunde in Beziehung.
❷ Ergebnissicherung zur letzten Stunde: Fortsetzungen von M1 werden vorgestellt. SuS achten auf Gefühle, die in den Texten zur Sprache kommen, und kommen darüber ins Gespräch. S liest Originalgedicht M1 vor, SuS vergleichen es mit ihren Gedichten.
❸ L-Information und Ideensammlung zur USE: L stellt geplante USE vor; jeder S schreibt anhand von M3 erste Gedanken, Fragen und Ideen zum Thema auf. SuS tragen diese in ihrer Gr zusammen.
❹ Plenumsgespräch, Langzeitaufgabe und Gruppenbildung: Die SuS tragen Ergebnisse vor. L erläutert Langzeitaufgabe: Vorstellen einer Person oder Gruppe, die sich für die Bewahrung der Schöpfung einsetzt, und deren Engagement mit einer typischen Bewegung veranschaulichen (4 Wochen Zeit). SuS bilden dazu Vierergruppen. L sammelt Zettel mit den Gedanken und Fragen der SuS zum Thema ein, um sie auszuwerten.

3 Legende: M=Materialien, UG=Unterrichtsgespräch, S=Schüler/Schülerin, SuS=Schülerinnen und Schüler, GA=Gruppenarbeit, PA=Partnerarbeit, EA=Einzelarbeit, L=Lehrkraft, TA=Tafelanschrieb, TG=Tischgruppe, USE=Unterrichtssequenz, Gr=Gruppe/Gruppen, PL=Plenum.

5./6. Stunde: Die Welt und ich – Schöpfung oder Zufall?

❶ Hinführung: L präsentiert das Bild und den Gedichttitel »Wer denkt die Welt?« (M4). Jeder S schreibt seine Assoziationen, Gedanken oder Fragen, die das Foto und die Frage auslösen, auf einen kleinen, vorbereiteten Zettel. L sammelt die Zettel ein und liest sie vor (ohne Namensnennung). UG über den Inhalt der Zettel.
❷ Erarbeitung: L liest das Gedicht vor, und es wird ein UG geführt, bei dem sein Inhalt mit den Gedanken auf den Zetteln verglichen wird. SuS bearbeiten Aufgaben von M4 in PA, EA oder GA.
❸ Würdigung der Ergebnisse: Die SuS gehen umher (Methode: Bleistiftrundgang), betrachten die Bilder und schreiben dazu kurze Kommentare auf vorbereitete kleine Zettel (mit dem eigenen Namen versehen).
❹ Ergebnissicherung: Die SuS präsentieren ihre Ergebnisse, stellen Rückfragen und führen ein UG über ihre Fragen und Gedanken in Zusammenhang mit dem Gedicht »Wer denkt die Welt?«.

7./8. Stunde: Religiöse Sprache – wie und was die Bibel von »Schöpfung« erzählt

❶ Hinführung: L stellt kurz eine Bibel vor und sagt, dass sie von Dingen in unserer Welt erzähle, die man nicht zählen oder messen könne.[4] L stellt Aufgabe: Jeder S notiert drei Dinge, die man nicht zählen oder messen kann und drei Dinge, bei denen dies möglich ist. Evtl. Sammlung an Tafel oder Whiteboard. Ein S trägt Gedicht M5 vor; die SuS vergleichen es mit ihrer Sammlung.
❷ Erarbeitung: L leitet zum Stundenthema über: Nachdenken über ein feierliches Gedicht zum Ursprung und Sinn der Welt. Die SuS lesen und bearbeiten 1. Mose 1–2,4a in arbeitsteiliger GA, üben betontes Vortragen (M6.1–M6.7).
❸ Ergebnissicherung I: Die Gr tragen ihren Text vor. Zuhörer machen sich Stichpunkte zu den Aspekten: Aufbau der Erzählung; Verben, die im Zusammenhang mit Gott genannt werden; Elemente und Lebewesen, die vorkommen. SuS tragen ihre Stichpunkte zu Merkmalen und Aussagen von 1. Mose 1–2,4 im PL zusammen.
❹ Vertiefung: Die SuS erstellen in PA eine Skizze, wie laut Schöpfungserzählung Gott, Tiere, Pflanzen und der Mensch miteinander in Beziehung stehen.
❺ Ergebnissicherung II: Die SuS gehen umher (Methode Bleistiftrundgang) und würdigen die Zeichnungen ihrer Mitschüler durch Kommentare, Gedanken oder Fragen zum Inhalt, die sie auf kleine Zettel schreiben (namentlich unterzeichnen lassen). Kurzer Austausch über den Inhalt der Bilder im Plenum.

4 Hier gibt es verschiedene Möglichkeiten: vollständige Fassungen wie z. B. die Einheitsübersetzung oder die Lutherbibel für dich oder auch gekürzte und aufbereitete Fassungen wie z. B. Hubertus Halbfas: Die Bibel für kluge Kinder und ihre Eltern, Ostfildern 2013 oder Rainer Oberthür: Die Bibel für Kinder und alle im Haus, München [2]2004.

9./10. Stunde: Naturwissenschaftliche Sprache und Erklärungsmodelle zur Entstehung der Welt

❶ Hinführung: TA (Sprechblase): »Über mein Alter spreche ich nicht gerne. Außerdem fällt es mir jedes Jahr schwerer, die vielen Hunderttausend Geburtstagskerzen auszublasen.« SuS äußern Vermutungen über diese »Person«, ihr genaues Alter und ihre Entstehung. (Gemeint ist die Erde). L leitet zum Stationen-Lernen über.
❷ Erarbeitung: Lernen an Stationen: Weltbilder Alter Orient, Ptolemäus, Kopernikus, unsere Zeit (M7.1–M7.4), Entwicklung des Weltalls (M8.1–M8.4), Unsere Erde – klein, aber kostbar (M9), Der Anfang der Welt und ich (M10). L legt je nach Leistungsvermögen der Klasse Pflicht- und Wahlstationen fest. Die SuS fertigen sich Notizen zu den Stationen an (Skizzen und Stichwörter).
❸ Ergebnissicherung: Die SuS begegnen sich in einem Außen- und Innenkreis (Methode Kugellager) und erzählen sich, was sie herausgefunden haben.[5]
❹ Vertiefung: Wichtige Aspekte werden im Plenum geklärt und diskutiert. L erinnert an den Termin für die Präsentationen der Langzeitaufgabe.

11./12. Stunde: Ist die biblische Schöpfungserzählung unwahr?

❶ Hinführung: TA: Vier Sprechblasen mit unterschiedlichen Auffassungen über die Bedeutung der Schöpfungserzählung (M11), UG.
❷ Erarbeitung: Das Gespräch zwischen Bettina und ihrer Mutter (M12) wird mit verteilten Rollen gelesen; spontane SuS-Äußerungen dazu; die SuS bearbeiten M13.
❸ Ergebnissicherung: Die SuS lesen sich gegenseitig ihre mittlere und ihre rechte Spalte von M13 vor und stellen ggf. Rückfragen.
❹ Vertiefung: Die SuS diskutieren im PL: »Ist die biblische Schöpfungserzählung unwahr?«

5 Siehe z. B. www.sn.schule.de/~sud/methodenkompendium/module/2/4_5.htm, Zugriff am 15.01.2016.

13./14. Stunde: 1. Mose 1,27 – Nachdenken über das biblische Bild vom Menschen

❶ Hinführung: Zuerst werden die Bilder von den Neugeborenen betrachtet (M14), dann wird der untere Satz »Und Gott schuf den Menschen zu seinem Bilde« sichtbar gemacht; freies UG.
❷ Erarbeitung: SuS vergleichen drei Geburtsanzeigen (M15).
❸ Ergebnissicherung: SuS tragen ihre Ergebnisse vor und setzen sie zu 1. Mose 1,27 in Beziehung. Sie erläutern das biblische Bild vom Menschen mit eigenen Worten.
❹ Vertiefung: SuS basteln einen Bilderrahmen mit einer Spiegelfolie (M16). L. stellt die Aufgabe: Schaut in den Spiegel. Schreibt verdeckt unter die umgeknickten Ecken mindestens drei Eigenschaften von euch, von denen ihr meint, dass sie anderen nützen. UG: Die SuS beziehen den Bilderrahmen auf 1. Mose 1,27.

15./16. Stunde: Wofür, warum, wie und wo Menschen sich für die Bewahrung der Schöpfung einsetzen

❶ Schülervorträge: Die Gr stellen ihre Personen oder Gruppen vor. Die Zuhörer fragen nach und geben Rückmeldungen zu den Kurzvorträgen. Wenn SuS zu ihrem Beispiel einen Steckbrief anfertigen, reichen 10 Min. pro Vortrag aus (7 Min. Vortragszeit, 3 Min. Nachfragen und Kommentare). So können in einer Doppelstunde Ergebnisse von 7 Gr vorgestellt und besprochen werden. Jeder S macht sich zu jedem Vortrag Notizen. Aspekte: Person bzw. Gruppe, wofür, warum, wie, wo setzen sie sich ein?
❷ Ergebnissicherung: SuS diskutieren über das Wofür, Warum und Wie des Engagements.
❸ Vertiefung: Jeder S nimmt schriftlich Stellung, welche Person bzw. Gruppe er überzeugend findet. Einige SuS tragen ihre Stellungnahme vor.
❹ Schlussreflexion: Offene Fragen werden besprochen. SuS geben Rückmeldungen zur USE und über Gelerntes.

M 1 Jeden Tag …

© fotolia/Polina Ponomareva

Jeden Tag
einmal
sich dem Himmel entgegenstrecken
und danke sagen
danke empfinden
für alles, was gut war
für alles, was ich geerntet habe
für alles, was gelungen ist
an diesem Tag.
Jeden Tag
sich einmal nur
dem Himmel entgegenstrecken
lachend
und wissen:
Ich bin nicht allein.

Berg, Ulrike, in: Andere Zeiten-Magazin, Hamburg 2012, Heft 3, S. 14–15 © Verein Andere Zeiten e. V.

M 2.1 Erkundungsbogen

Name: Datum:

Bewusst wahrnehmen
Suche dir ein ruhiges Plätzchen und bearbeite die Aufgaben allein!

1. Gucke in den Himmel und beschreibe, was du siehst.

2. Schließe die Augen! Was hörst du? Beschreibe.

3. Iss ganz langsam ein Stück Apfel, konzentriere dich auf den Geschmack und beschreibe ihn.

4. Suche dir eine Pflanze, befühle sie und beschreibe, was du fühlst.

5. Rieche an der Pflanze und beschreibe den Geruch.

6. Notiere Tiere, die es hier auf dem Gelände gibt. Denke auch an die Tiere, die man nicht gleich sieht!

7. Beschreibe etwas aus der Natur, das dir sehr gut gefällt.

8. Beschreibe etwas aus der Natur, das dir Angst macht.

Zusatzaufgabe: Bringe einen kleinen Gegenstand aus der Natur mit in die Klasse.

M 2.2 Schöpfung wahrnehmen (1)

Gletscher in Patagonien © Unsplash

Tau auf Löwenzahn © InspiredImages

M 2.2 Schöpfung wahrnehmen (2)

Kleiner Junge im Herbstlaub © PublicDomainPictures

Springbock und Löwe am Wasserloch © rmferreira

M 3 Schülerbrief zur Unterrichtssequenz

Liebe Schülerinnen und Schüler!
Unsere nächste Unterrichtssequenz heißt: »Wer bin ich?« – Nachdenken über Schöpfung und Mitwelt.

Menschen fragen sich seit jeher: Woher komme ich? Werde ich geliebt? Wozu bin ich auf der Welt? Wir werden zu solchen Fragen Bilder, Erzählungen, Gedichte betrachten und Musik hören. Wir werden miteinander nachdenken und diskutieren.

An diesem Thema lernst du,

- Bilder, Gedichte, Geschichten, Musik zum Thema zu beschreiben und zu deuten,
- den Inhalt und den Aufbau einer biblischen Schöpfungserzählung zu beschreiben und ihre Aussage zu deuten,
- zu erklären, auf welche Fragen die Sprache der Naturwissenschaften Antworten gibt und welche Fragen religiöse Sprache beantwortet,
- religiöse Antworten zum Thema wiederzugeben und zu beurteilen,
- an Beispielen zu erläutern, wie Menschen sich dafür einsetzen, die Schöpfung zu bewahren.

Das kannst du selbstständig tun:
Du kannst Bilder und Texte sammeln, die mit unserem Thema zu tun haben und sie in die Schule mitbringen.

Die folgenden Fragen sind schwierig. Versuche trotzdem, dir darüber Gedanken zu machen:
Woher komme ich?
Wozu bin ich auf der Welt?
Warum gibt es die Welt und nicht nichts?

Schreibe deine Gedanken dazu hier auf:

____

____

____

____

____

____

____

____

____

____

____

____

____

____

____

____

____

____

____

____

____

____

____

____

____

____

Nun wünsche ich uns allen ein interessantes gemeinsames Arbeiten!

____

(Unterschrift der Lehrkraft)

M4 Wer denkt die Welt?

Finsternis ohne Gedächtnis.
Finsternis.
Ein Funke, doch noch kein Licht.
Ein Tropfen, noch kein Stein.
Ein Klumpen, noch keine Erde.
Ein Laut, noch kein Wort.
Wie fängt etwas an, das noch nicht ist?
Wie ist etwas, das noch nichts weiß?
Woher kommt der erste Gedanke?
Was denkt er?
Die Welt?

Wer denkt?
Wer weiß, dass dieser Gedanke
der erste ist?
Wer hat ihn, der den Anfang denkt,
gedacht?
Wer hat ihn, der den Anfang dachte,
zuerst beim Namen gerufen?

[...]

Wie fängt etwas an, das ist?
Eine Seele, ein Leib.
Ein erstes Wort.
Du.
Ich.
Das Licht nach der Finsternis.
Zwischen Anfang und Ich
beginnt die Zeit.
Wer denkt die Welt?

Peter Härtling, Die kleine Welle. Vier Geschichten zur Schöpfungsgeschichte (Radius-Bibliothek), Stuttgart 1987

Der Tarantelnebel © WikiImages

Aufgaben

- Markiere die Verse in dem Gedicht, die dich ansprechen.
- Stelle die Fragen oder Aussagen des Gedichtes in einer Skizze dar.
  Oder
- Das Gedicht besteht aus vielen Fragen. Wähle Fragen aus, auf die du eine Antwort weißt und schreibe deine Antworten daneben.
  Oder
- Formuliere weitere Fragen oder Gedanken zu: Wer denkt die Welt?
  Oder
- Wer denkt die Welt? Schreibe verschiedene Meinungen, die es dazu gibt, in Sprechblasen.
  Oder
- Schreibe eine weitere Strophe zu dem Gedicht.
  Oder
- Erkläre, was mit den Versen gemeint sein könnte: »Zwischen Anfang und Ich beginnt die Zeit.«
- Stelle dar, was das Weltraumfoto und das Gedicht miteinander zu tun haben.

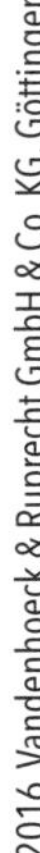

M5 Was wir zählen und messen können

Was wir zählen und messen können:
Wie viele Kinder in unserer Klasse sind.
Wie viele Fenster unser Haus hat.
Wie schnell ein Flugzeug fliegt.
Wie tief das Meer ist.
Wie schwer ein Stein ist.
Wie lang eine Straße ist.
Wie hoch die Wolken sind.

Was wir nicht zählen und messen können:
Wieviel Liebe in einem Kuss ist,
den die Mutter dem Kinde gibt.
Wieviel Angst einer hat, wenn er allein ist.
Was ein gutes Wort wiegt.
Wie teuer ein guter Freund ist.
Wie schwer es ist, wenn uns keiner mag.
Wie tief eine Lüge uns verletzen kann.
Wie groß eine Freude sein kann.

Günther Weber, in: Steinwede, Dietrich/Ruprecht, Sabine (Hg.): Vorlesebuch Religion 2. Für Kinder von 5–12, Lahr/Göttingen/Zürich & Köln/Zürich 1974, S. 208
© Ernst Kaufmann/Vandenhoeck & Ruprecht/Benziger/Theologischer Verlag

© geralt

M 6.1 Urgeschichten zu Fragen, die niemals enden

Wie wir heute fragten sich auch die Menschen in früheren Zeiten: Warum gibt es eine Welt? Warum gibt es nicht nichts? Ihre Antworten wurden weitererzählt und gesammelt. Ihr findet sie in den ersten Geschichten der Bibel. Diese Geschichten wollen nicht berichten, wie die Welt genau entstanden ist, sondern sie erzählen von dem Woher, Wozu, Warum und Wohin: Warum gibt es uns? Woher kommen wir und die vielen anderen Lebewesen? Was sollen wir Menschen auf dieser Erde tun? Was ist der letzte und tiefste Grund von allem?

Hier das feierliche Gedicht zum Ursprung und Sinn der Welt:

Im Anfang schuf Gott Himmel und Erde.
Und die Erde war Wüste und Leere, Irrsaal und Wirrsaal.
Finsternis lag in der Urflut,
aber über dem tiefen Wasser schwebte hin und her
der Lebensatem, der Geist Gottes.
Da sprach Gott: Es werde Licht!
Und das Licht war da.
Und Gott sah, dass das Licht gut war.
Und Gott trennte das Licht von der Finsternis.
Und Gott nannte das Licht Tag und die Finsternis Nacht.
Es wurde Abend und es wurde Morgen: ein erster Tag.

Oberthür, Rainer: Die Bibel für Kinder und alle im Haus, Erzählt und erschlossen von Rainer Oberthür. Mit Bildern der Kunst ausgewählt und gedeutet von Rita Burrichter, München [2]2004, S. 21–26 © Kösel, in der Verlagsgruppe Random House

Aufgaben (15 Minuten)

- Jeder liest die schattierte Strophe des Gedichts aufmerksam. (3 Min.)
- Fasst als Gruppe den Inhalt eurer Strophe mit eigenen Worten zusammen und klärt Wörter, die ihr nicht versteht. (3 Min.)
- Schreibt die Verben auf, die beschreiben, was Gott tut. Schreibt die Elemente und die Lebewesen auf, die in eurer Strophe genannt werden. (4 Min.)
- Übt alle, eure Strophe gut betont vorzutragen, und einigt euch, wer vor der Klasse welchen Vers vorlesen soll. (5 Min)

M 6.2 Urgeschichten zu Fragen, die niemals enden

Wie wir heute fragten sich auch die Menschen in früheren Zeiten: Warum gibt es eine Welt? Warum gibt es nicht nichts? Ihre Antworten wurden weitererzählt und gesammelt. Ihr findet sie in den ersten Geschichten der Bibel. Diese Geschichten wollen nicht berichten, wie die Welt genau entstanden ist, sondern sie erzählen von dem Woher, Wozu, Warum und Wohin: Warum gibt es uns? Woher kommen wir und die vielen anderen Lebewesen? Was sollen wir Menschen auf dieser Erde tun? Was ist der letzte und tiefste Grund von allem?

Hier das feierliche Gedicht zum Ursprung und Sinn der Welt:

Und Gott sprach: Es werde eine feste Grenze
zwischen dem Wasser oben und dem Wasser
unten.
Und es wurde ein Gewölbe, eine Grenze,
die das Wasser trennte.
So geschah es
und die feste Grenze nannte Gott Himmel.
Es wurde Abend und es wurde Morgen: ein
zweiter Tag.

Oberthür, Rainer: Die Bibel für Kinder und alle im Haus, Erzählt und erschlossen von Rainer Oberthür. Mit Bildern der Kunst ausgewählt und gedeutet von Rita Burrichter, München ^{2}2004, S. 21–26 © Kösel, in der Verlagsgruppe Random House

Aufgaben (15 Minuten)

- Jeder liest die schattierte Strophe des Gedichts aufmerksam. (3 Min.)
- Fasst als Gruppe den Inhalt eurer Strophe mit eigenen Worten zusammen und klärt Wörter, die ihr nicht versteht. (3 Min.)
- Schreibt die Verben auf, die beschreiben, was Gott tut. Schreibt die Elemente und die Lebewesen auf, die in eurer Strophe genannt werden. (4 Min.)
- Übt alle, eure Strophe gut betont vorzutragen, und einigt euch, wer vor der Klasse welchen Vers vorlesen soll. (5 Min)

M 6.3 Urgeschichten zu Fragen, die niemals enden

Wie wir heute fragten sich auch die Menschen in früheren Zeiten: Warum gibt es eine Welt? Warum gibt es nicht nichts? Ihre Antworten wurden weitererzählt und gesammelt. Ihr findet sie in den ersten Geschichten der Bibel. Diese Geschichten wollen nicht berichten, wie die Welt genau entstanden ist, sondern sie erzählen von dem Woher, Wozu, Warum und Wohin: Warum gibt es uns? Woher kommen wir und die vielen anderen Lebewesen? Was sollen wir Menschen auf dieser Erde tun? Was ist der letzte und tiefste Grund von allem?

Hier das feierliche Gedicht zum Ursprung und Sinn der Welt:

Und Gott sprach: Das Wasser soll sich sammeln
unter dem Himmel an einem Ort,
es soll sichtbar werden das Trockene.
So geschah es
und Gott nannte das Trockene Erde
und das gesammelte Wasser Meer.
Gott sah, dass es gut war.
Und Gott sprach: Es werde grün die Erde,
das Land bringe Pflanzen hervor, die Samen tragen
und Bäume, die Früchte tragen.
So geschah es.
Das Land brachte junges Grün hervor,
alle Arten von Pflanzen und fruchtbaren Bäumen
und Samen nach ihrer Art.
Gott sah, dass es gut war.
Es wurde Abend, und es wurde Morgen: ein dritter Tag.

Oberthür, Rainer: Die Bibel für Kinder und alle im Haus, Erzählt und erschlossen von Rainer Oberthür. Mit Bildern der Kunst ausgewählt und gedeutet von Rita Burrichter, München [2]2004, S. 21–26 © Kösel, in der Verlagsgruppe Random House

Aufgaben (15 Minuten)

- Jeder liest die schattierte Strophe des Gedichts aufmerksam. (3 Min.)
- Fasst als Gruppe den Inhalt eurer Strophe mit eigenen Worten zusammen und klärt Wörter, die ihr nicht versteht. (3 Min.)
- Schreibt die Verben auf, die beschreiben, was Gott tut. Schreibt die Elemente und die Lebewesen auf, die in eurer Strophe genannt werden. (4 Min.)
- Übt alle, eure Strophe gut betont vorzutragen, und einigt euch, wer vor der Klasse welchen Vers vorlesen soll. (5 Min)

M 6.4 Urgeschichten zu Fragen, die niemals enden

Wie wir heute fragten sich auch die Menschen in früheren Zeiten: Warum gibt es eine Welt? Warum gibt es nicht nichts? Ihre Antworten wurden weitererzählt und gesammelt. Ihr findet sie in den ersten Geschichten der Bibel. Diese Geschichten wollen nicht berichten, wie die Welt genau entstanden ist, sondern sie erzählen von dem Woher, Wozu, Warum und Wohin: Warum gibt es uns? Woher kommen wir und die vielen anderen Lebewesen? Was sollen wir Menschen auf dieser Erde tun? Was ist der letzte und tiefste Grund von allem?

Hier das feierliche Gedicht zum Ursprung und Sinn der Welt:

Und Gott sprach: Es wollen Lichter werden
am Himmel,
um Tag und Nacht zu unterscheiden.
Sie sollen Zeichen sein für Zeiten, Tage und
Jahre.
So geschah es.
Gott schuf die beiden großen Lichter:
Das größere, das über den Tag herrscht,
das kleinere, das über die Nacht herrscht,
dazu noch die Sterne.
Gott gab ihnen ihren Platz am Himmel,
damit sie die Erde erleuchten,
den Tag und die Nacht bestimmen
und das Licht von der Finsternis trennen.
Und es wurde Abend, und es wurde Morgen: ein vierter Tag.

Oberthür, Rainer: Die Bibel für Kinder und alle im Haus, Erzählt und erschlossen von Rainer Oberthür. Mit Bildern der Kunst ausgewählt und gedeutet von Rita Burrichter, München [2]2004, S. 21–26 © Kösel, in der Verlagsgruppe Random House

Aufgaben (15 Minuten)

- Jeder liest die schattierte Strophe des Gedichts aufmerksam. (3 Min.)
- Fasst als Gruppe den Inhalt eurer Strophe mit eigenen Worten zusammen und klärt Wörter, die ihr nicht versteht. (3 Min.)
- Schreibt die Verben auf, die beschreiben, was Gott tut. Schreibt die Elemente und die Lebewesen auf, die in eurer Strophe genannt werden. (4 Min.)
- Übt alle, eure Strophe gut betont vorzutragen, und einigt euch, wer vor der Klasse welchen Vers vorlesen soll. (5 Min)

M 6.5 Urgeschichten zu Fragen, die niemals enden

Wie wir heute fragten sich auch die Menschen in früheren Zeiten: Warum gibt es eine Welt? Warum gibt es nicht nichts? Ihre Antworten wurden weitererzählt und gesammelt. Ihr findet sie in den ersten Geschichten der Bibel. Diese Geschichten wollen nicht berichten, wie die Welt genau entstanden ist, sondern sie erzählen von dem Woher, Wozu, Warum und Wohin: Warum gibt es uns? Woher kommen wir und die vielen anderen Lebewesen? Was sollen wir Menschen auf dieser Erde tun? Was ist der letzte und tiefste Grund von allem?

Hier das feierliche Gedicht zum Ursprung und Sinn der Welt:

Und Gott sprach: Im Wasser wimmle es von
lebendigen Wesen,
Vögel sollen fliegen über der Erde unter
dem Himmel.
Und Gott schuf die riesigen Seetiere,
alle Arten von Wassertieren und gefiederten Vögeln.
Gott sah, dass es gut war.
Und Gott sprach einen Segen über sie:
Seid fruchtbar und werdet zahlreich,
erfüllt die Wasser des Meeres
und die Vögel sollen viele werden über der
Erde.
Es wurde Abend und es wurde Morgen: ein
fünfter Tag.

Oberthür, Rainer: Die Bibel für Kinder und alle im Haus, Erzählt und erschlossen von Rainer Oberthür. Mit Bildern der Kunst ausgewählt und gedeutet von Rita Burrichter, München [2]2004, S. 21–26 © Kösel, in der Verlagsgruppe Random House

Aufgaben (15 Minuten)

- Jeder liest die schattierte Strophe des Gedichts aufmerksam. (3 Min.)
- Fasst als Gruppe den Inhalt eurer Strophe mit eigenen Worten zusammen und klärt Wörter, die ihr nicht versteht. (3 Min.)
- Schreibt die Verben auf, die beschreiben, was Gott tut. Schreibt die Elemente und die Lebewesen auf, die in eurer Strophe genannt werden. (4 Min.)
- Übt alle, eure Strophe gut betont vorzutragen, und einigt euch, wer vor der Klasse welchen Vers vorlesen soll. (5 Min)

M 6.6a Urgeschichten zu Fragen, die niemals enden

Wie wir heute fragten sich auch die Menschen in früheren Zeiten: Warum gibt es eine Welt? Warum gibt es nicht nichts? Ihre Antworten wurden weitererzählt und gesammelt. Ihr findet sie in den ersten Geschichten der Bibel. Diese Geschichten wollen nicht berichten, wie die Welt genau entstanden ist, sondern sie erzählen von dem Woher, Wozu, Warum und Wohin: Warum gibt es uns? Woher kommen wir und die vielen anderen Lebewesen? Was sollen wir Menschen auf dieser Erde tun? Was ist der letzte und tiefste Grund von allem?

Hier das feierliche Gedicht zum Ursprung und Sinn der Welt:

Und Gott sprach: Die Erde soll hervorbringen
alle Arten von lebendigen Wesen:
Vieh, Kriechtiere und Tiere des Feldes.
So geschah es.
Gott schuf die Tiere des Feldes,
das Vieh und die Kriechtiere,
ein jedes nach seiner Art.
Gott sah, dass es gut war.
Und Gott sprach: Es sollen Menschen werden
nach unserem Bild, nach dem Gleichnis
Gottes.
Sie sollen herrschen über die Fische des
Meeres,
über die Vögel des Himmels und das Vieh
und über alle Kriechtiere auf dem Erdboden.

Oberthür, Rainer: Die Bibel für Kinder und alle im Haus, Erzählt und erschlossen von Rainer Oberthür. Mit Bildern der Kunst ausgewählt und gedeutet von Rita Burrichter, München [2]2004, S. 21–26 © Kösel, in der Verlagsgruppe Random House

Aufgaben (15 Minuten)

- Jeder liest die schattierte Strophe des Gedichts aufmerksam. (3 Min.)
- Fasst als Gruppe den Inhalt eurer Strophe mit eigenen Worten zusammen und klärt Wörter, die ihr nicht versteht. (3 Min.)
- Schreibt die Verben auf, die beschreiben, was Gott tut. Schreibt die Elemente und die Lebewesen auf, die in eurer Strophe genannt werden. (4 Min.)
- Übt alle, eure Strophe gut betont vorzutragen, und einigt euch, wer vor der Klasse welchen Vers vorlesen soll. (5 Min)

M 6.6b Urgeschichten zu Fragen, die niemals enden

Wie wir heute fragten sich auch die Menschen in früheren Zeiten: Warum gibt es eine Welt? Warum gibt es nicht nichts? Ihre Antworten wurden weitererzählt und gesammelt. Ihr findet sie in den ersten Geschichten der Bibel. Diese Geschichten wollen nicht berichten, wie die Welt genau entstanden ist, sondern sie erzählen von dem Woher, Wozu, Warum und Wohin: Warum gibt es uns? Woher kommen wir und die vielen anderen Lebewesen? Was sollen wir Menschen auf dieser Erde tun? Was ist der letzte und tiefste Grund von allem?

Hier das feierliche Gedicht zum Ursprung und Sinn der Welt:

Und es schuf Gott den Menschen zu seinem Bild.
Zu Gottes Abbild schuf Gott ihn.
Als Mann und Frau schuf er sie,
und Gott segnete sie und sprach zu ihnen:
Seid fruchtbar und werdet zahlreich,
bevölkert die Erde und macht sie zu eurem Zuhause,
herrscht gerecht über die Fische im Meer,
über die Vögel am Himmel und die Tiere auf dem Land.
Und Gott sprach: Seht, ich gebe euch
alle Pflanzen, die Samen tragen,
und alle Bäume mit Früchten und ihren Samen.
Sie sollen euch Nahrung sein.
Allen Tieren der Erde und allen Vögeln des Himmels
gebe ich die grünen Pflanzen zur Nahrung.
So geschah es
und Gott sah alles, was er hatte werden lassen:
Es war sehr gut.
Es wurde Abend und es wurde Morgen: ein sechster Tag.

Oberthür, Rainer: Die Bibel für Kinder und alle im Haus, Erzählt und erschlossen von Rainer Oberthür. Mit Bildern der Kunst ausgewählt und gedeutet von Rita Burrichter, München [2]2004, S. 21–26 © Kösel, in der Verlagsgruppe Random House

Aufgaben (15 Minuten)

- Jeder liest die schattierte Strophe des Gedichts aufmerksam. (3 Min.)
- Fasst als Gruppe den Inhalt eurer Strophe mit eigenen Worten zusammen und klärt Wörter, die ihr nicht versteht. (3 Min.)
- Schreibt die Verben auf, die beschreiben, was Gott tut. Schreibt die Elemente und die Lebewesen auf, die in eurer Strophe genannt werden. (4 Min.)
- Übt alle, eure Strophe gut betont vorzutragen, und einigt euch, wer vor der Klasse welchen Vers vorlesen soll. (5 Min)

M 6.7 Urgeschichten zu Fragen, die niemals enden

Wie wir heute fragten sich auch die Menschen in früheren Zeiten: Warum gibt es eine Welt? Warum gibt es nicht nichts? Ihre Antworten wurden weitererzählt und gesammelt. Ihr findet sie in den ersten Geschichten der Bibel. Diese Geschichten wollen nicht berichten, wie die Welt genau entstanden ist, sondern sie erzählen von dem Woher, Wozu, Warum und Wohin: Warum gibt es uns? Woher kommen wir und die vielen anderen Lebewesen? Was sollen wir Menschen auf dieser Erde tun? Was ist der letzte und tiefste Grund von allem?

Hier das Ende des feierlichen Gedichts zum Ursprung und Sinn der Welt:

So wurden vollendet Himmel und Erde
in ihrer ganzen Fülle und Pracht.
Am siebten Tag vollendete Gott sein Werk
und ruhte von seiner Arbeit aus.
Und Gott segnete den siebten Tag und
nannte ihn heilig.
Denn Gott ruhte nach der Vollendung der
ganzen Schöpfung.

Oberthür, Rainer: Die Bibel für Kinder und alle im Haus, Erzählt und erschlossen von Rainer Oberthür. Mit Bildern der Kunst ausgewählt und gedeutet von Rita Burrichter, München ^{2}2004, S. 21–26 © Kösel, in der Verlagsgruppe Random House

Aufgaben (15 Minuten)

- Jeder liest die schattierte Strophe des Gedichts aufmerksam. (3 Min.)
- Fasst als Gruppe den Inhalt eurer Strophe mit eigenen Worten zusammen und klärt Wörter, die ihr nicht versteht. (3 Min.)
- Schreibt die Verben auf, die beschreiben, was Gott tut. Schreibt die Elemente und die Lebewesen auf, die in eurer Strophe genannt werden. (4 Min.)
- Übt alle, eure Strophe gut betont vorzutragen, und einigt euch, wer vor der Klasse welchen Vers vorlesen soll. (5 Min)

M 7.1 Weltbilder im Wandel

Mit der Entwicklung der naturwissenschaftlichen Forschung änderten sich auch die Vorstellungen der Menschen über den Aufbau des Weltalls und die Position der Erde.

Das altorientalische Weltbild (Ca. von 1000 v. bis 100 n. Chr.)

Das altorientalische Weltbild umfasste drei Stockwerke, nämlich Himmel, Erde und Unterwelt.

Die Erde ist eine flache Scheibe, die auf dem Weltmeer ruht. Weltmeer und Erde stehen auf Säulen. Über die Erde wölbt sich als Halbkugel der Himmel, von dem man glaubte, er habe eine durchsichtige, kristallartige Beschaffenheit. Man unterschied das Wasser der Erde und das Wasser des Himmels, das sich oberhalb des Himmelsgewölbes befand und diesem die blaue Farbe verlieh. Regen erklärte man sich so, dass sich die Schleusen des Himmels öffnen würden. Am Himmel sind Sonne, Mond und Sterne wie Lampen aufgehängt und ziehen dort ihre Bahnen. Tiere und Menschen bevölkern Meer und Erde. In der Unterwelt befindet sich das Totenreich und oberhalb des Himmelsgewölbes thronen die Götter.

Auch die Verfasser der Bibel sahen die Welt auf diese Weise.

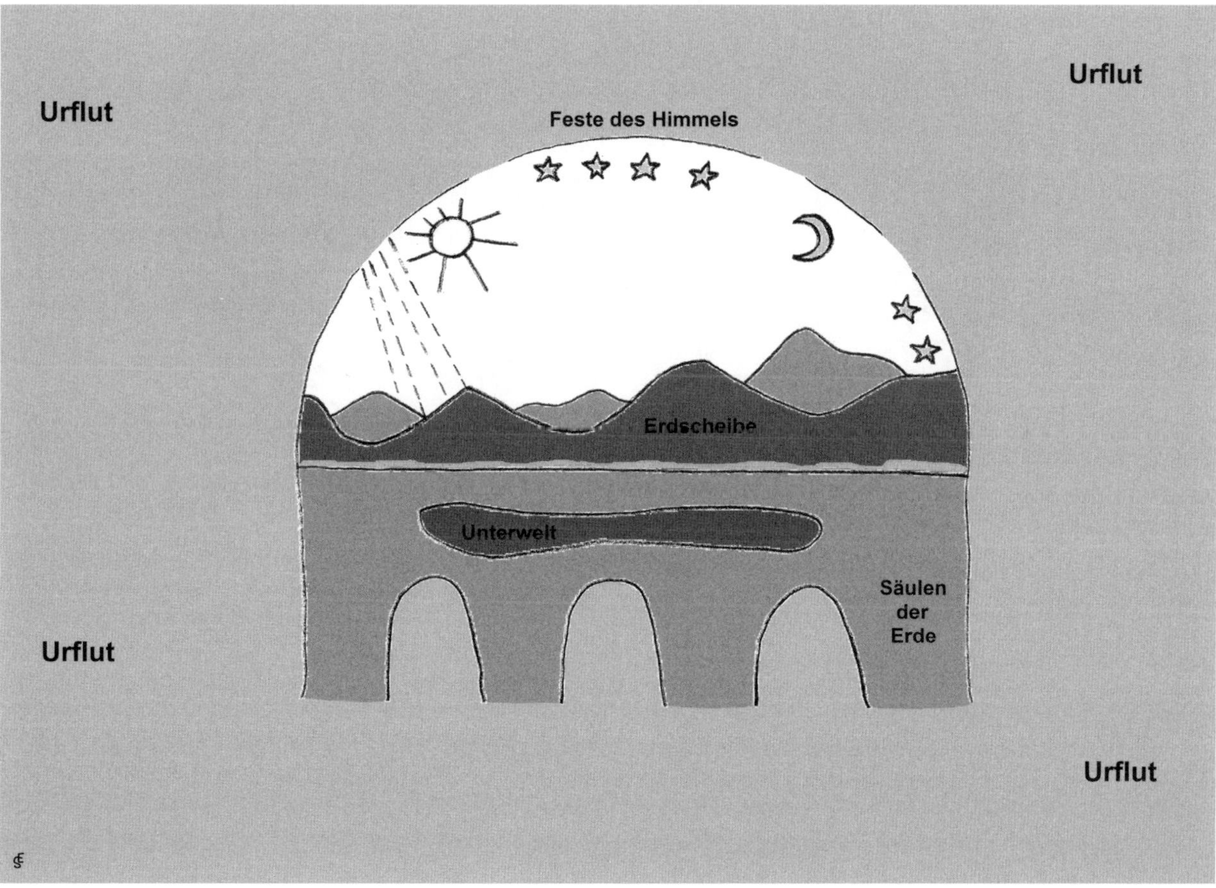

© Elisabeth Schreiber

M 7.2 Weltbilder im Wandel

Das Weltbild des Ptolemäus (ca. 100 bis 1600 n. Chr.)

Ptolemäus (um 100 bis nach 160) war der bedeutendste Astronom der Antike. Er hatte herausgefunden, dass die Erde eine Kugel ist. Nach seiner Auffassung befand sie sich im Mittelpunkt des Alls. Daher nennt man dieses Weltbild das geozentrische (Erde als Mittelpunkt). Dies ist eine Vorstellung, die auch im Mittelalter übernommen wurde.

Die Erde wird in festen Bahnen von Sonne und Mond, den Planeten und den Sternen umkreist. Entsprechend stellte Ptolemäus sich das gesamte Weltall als kugelförmig und begrenzt vor. Weil die Menschen sich als Bewohner einer Erde sahen, die sich im Zentrum des Alls befindet, bekamen sie selbst eine besondere Bedeutung.

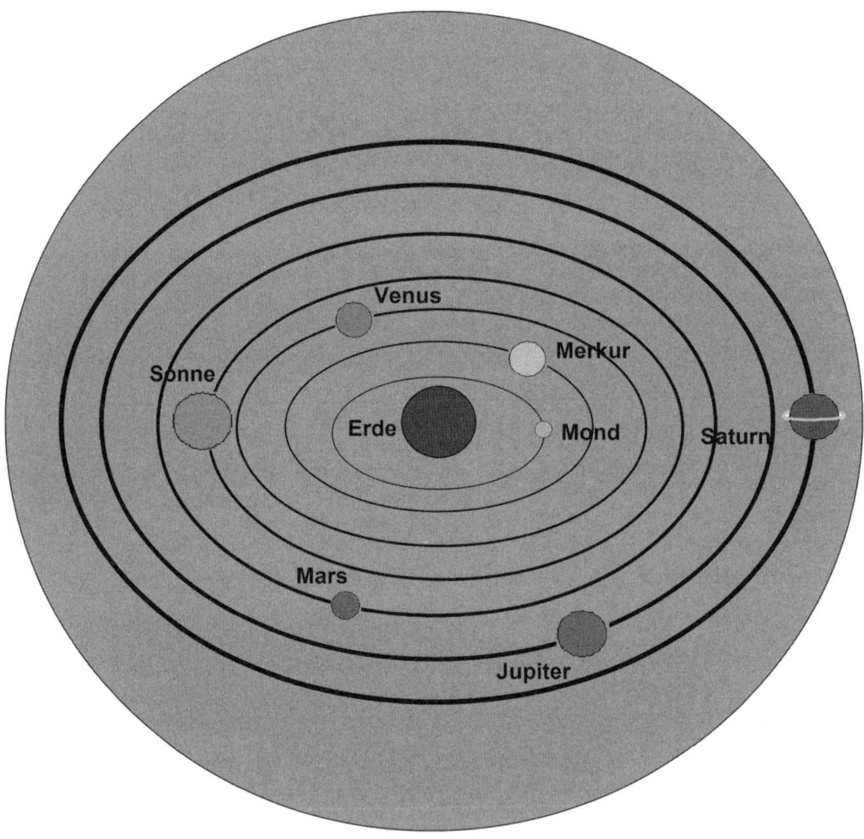

© Elisabeth Schreiber

M 7.3 Weltbilder im Wandel

Das Weltbild des Kopernikus (ca. ab 1600 n. Chr.)

Dieses Weltbild wirkte auf viele Menschen revolutionär, weil es die bisherigen Vorstellungen auf den Kopf stellte. Deshalb spricht man auch von der kopernikanischen Wende. Was der Domherr Nikolaus Kopernikus (1473–1543) entdeckte, gilt für unser Sonnensystem noch heute: Wie alle anderen Planeten dreht sich die Erde um die Sonne. Die Sonne steht jetzt im Zentrum des Alls, nicht die Erde. Deshalb nennt man dieses Weltbild das heliozentrische (von Helios, griech.: Sonne).

Viele Menschen und besonders die katholische Kirche hielten diese Vorstellung für nicht vereinbar mit dem biblischen Glauben, weil so der Mensch nicht mehr im Mittelpunkt des Weltalls stand. 100 Jahre später übernahm der Wissenschaftler Galileo Galilei dieses Weltbild und geriet darüber mit dem Vatikan in Rom in einen heftigen Konflikt.

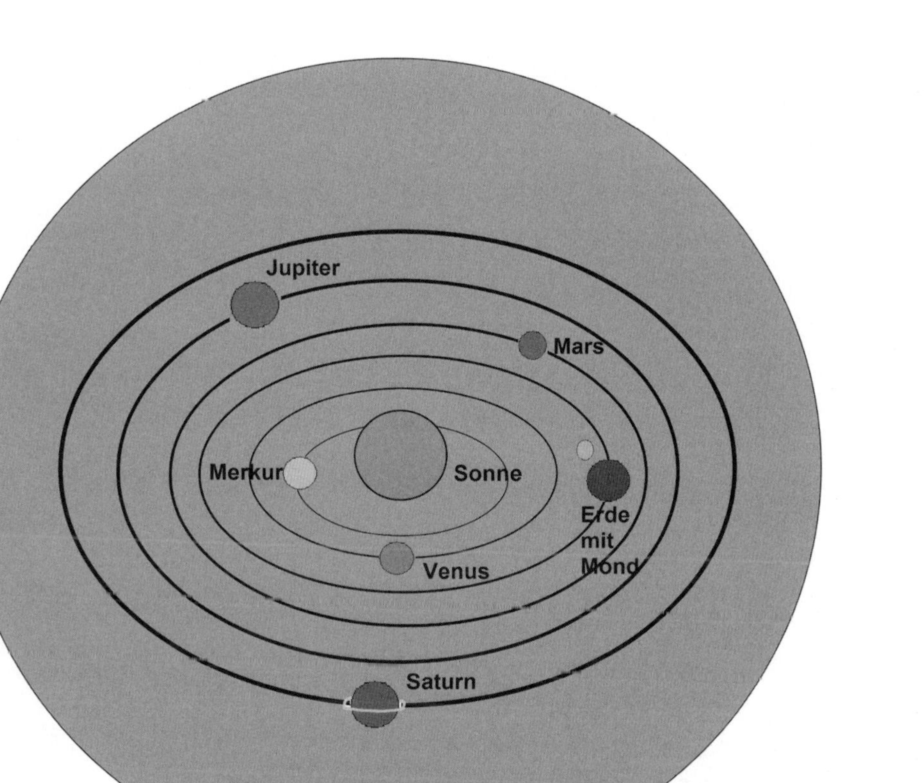

© Elisabeth Schreiber

M 7.4 Weltbilder im Wandel

Unser heutiges Weltbild

Die modernen wissenschaftlichen Erkenntnisse überschreiten unser Vorstellungsvermögen und unsere Auffassungsgabe bei Weitem. Denn es gibt nicht nur unser Sonnensystem, sondern allein in unserem Sternensystem (= Galaxie), der sog. Milchstraße, gibt es Milliarden Sonnensysteme.

Die Planeten umkreisen die Sonne nicht kreisförmig, sondern in Bahnen von der Form einer Ellipse. Das Weltall, das heute nicht mehr als starr und unveränderlich angesehen wird, entwickelt sich ständig: Sein Anfang wird Urknall genannt. Seitdem dehnte sich das All unglaublich schnell in alle Richtungen aus. Dieser Prozess dauert an: Das Weltall wächst, Sterne entstehen und vergehen und irgendwann wird ein Punkt erreicht sein, an dem sich die Prozesse umkehren und das All wieder zu einem winzigen Punkt zusammenstürzt.

Was vor dem Urknall war und was nach dem Untergang des Alls kommt, ist wissenschaftlich nicht zu ermitteln.

Die Andromedagalaxie © skeeze

M 8.1 Die Entwicklung des Weltalls

Vor 13,7 Milliarden Jahren

Die Wissenschaftler bezeichnen den Anfang von allem, was es gibt, als Urknall. Dieser Begriff ist nicht wörtlich zu verstehen, weil zu einem Knall auch Schallwellen gehören. Schallwellen bewegen sich auf der Erde in der Luft fort und werden dann vom menschlichen Ohr aufgenommen und als Töne wahrgenommen. Es gab aber weder Luft noch Schallwellen und auch keine Lebewesen, die diese hätten wahrnehmen können.

Für diesen schwer zu beschreibenden Anfang von Raum und Zeit sind also auch Wissenschaftler auf eine bildliche Vorstellung angewiesen. Der Urknall (engl.: Big Bang) bezeichnet eine kosmische Explosion, durch die sich schwere Elementarteilchen bilden, Helium und Wasserstoffatome entstehen. Was vor dem Urknall geschah, entzieht sich wissenschaftlicher Forschung. Diese kann nur unter den Bedingungen von Raum und Zeit erfolgen.

Worterklärung:
Als **Singularität** bezeichnet man in der Physik oder Astronomie (Wissenschaft, die das All erforscht) Zustände, bei denen die betrachteten Zeiten nicht mehr erklärt werden können.

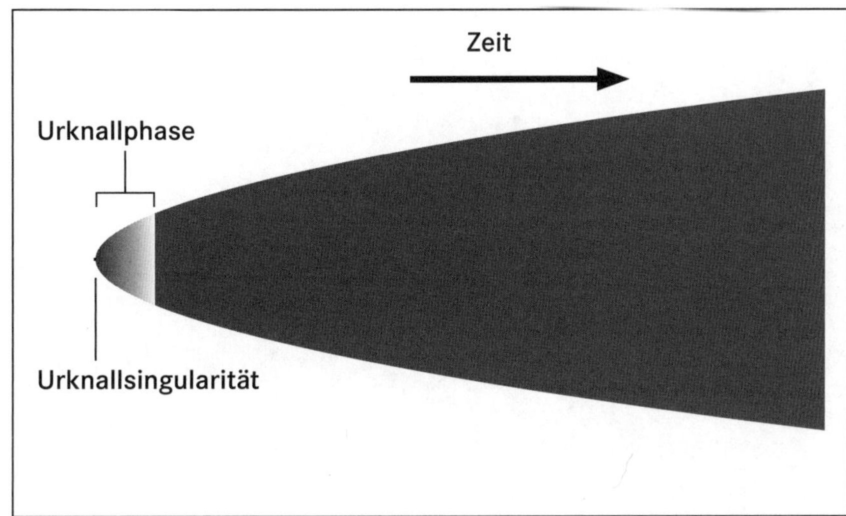

M 8.2 Die Entwicklung des Weltalls

Vor 13,6 Milliarden Jahren

Nach dem sogenannten Urknall dehnen sich Helium- und Wasserstoffgase schnell aus. Abkühlung, nachlassender Druck und die Schwerkraft lassen Materieklumpen entstehen. Diese fallen schließlich zu Sternen zusammen, die in Explosionen auch wieder untergehen. Dabei entstehen immer schwerere Elemente (Grundstoffe).

Vor 12 bis 6 Milliarden Jahren

Das All dehnt sich weiter aus, die vorhandene Materie, die bereits aus 92 Elementen besteht, formt sich zu spiralförmigen Galaxien. Die Astronomen schätzen die Anzahl der Galaxien auf 100 Milliarden. Jede einzelne wiederum enthält Milliarden von Sternen.

Stephans Quintett, eine Gruppe von fünf Galaxien im Sternbild Pegasus © NASA, ESA, and the Hubble SM4 ERO Team

M 8.3 Die Entwicklung des Weltalls

Vor 6 Milliarden Jahren

Es entstehen die Sonne und unser Sonnensystem. Der Umfang der Sonne beträgt an ihrem Äquator 1 392 684 km. Damit ist sie 109-mal so groß wie die Erde. Von der Sonne aus gesehen ist die Erde der dritte Planet unseres Sonnensystems. Aus unserer menschlichen Perspektive ist die Erde sehr groß: Ihre Oberfläche misst 510 065 600 km^2. Ihr Umfang beträgt am Äquator 40 075 km. Im Vergleich zu den Dimensionen des Alls ist sie jedoch winzig wie ein Staubkorn.

Unsere Sonne © NASA/SDO (AIA)

M 8.4 Die Entwicklung des Weltalls

Vor 5 Milliarden Jahren
Die Erdkruste verfestigt sich und Ozeane entstehen.

Vor 4 Milliarden Jahren
Nach dem Entstehen der Urzelle, der Voraussetzung allen pflanzlichen und tierischen Lebens, beginnt die Evolution (Entwicklung der Arten).

Geologische Zeittafel

Millionen Jahre	Zeitalter	System	Entwicklung des Lebens auf der Erde
vor 1,75	ERD-NEUZEIT	Quartär	Entwicklung des modernen Menschen (homo sapiens)
vor 65		Tertiär	Entfaltung der Säugetiere; erste Menschenarten
vor 135	ERD-MITTEL-ALTER	Kreide	Dinosaurier, Flugechsen, Fischsaurier; erste Blütenpflanzen Aussterben vieler Tierarten
vor 203		Jura	Erste Vögel; Palmfarne
vor 250		Trias	Erste Säugetiere; Nadelbäume
vor 295	ERD-ALTER-TUM	Perm	Säugerähnliche Reptilien; Samenfarne
vor 355		Karbon	Erste Reptilien; Schuppen- und Siegelbäume
vor 410		Devon	Erste Lurche; flügellose Insekten
vor 435		Silur	Erste Fische; erste Landpflanzen
vor 500		Ordovizium	Wirbellose, fischförmige Wirbeltiere
vor 540		Kambrium	Wirbellose Tiere und Pflanzen im Meer
	ERD-FRÜH-ZEIT	Proterozoikum	Algen; Würmer
		Archaikum	Erste Lebensspuren
vor 4500			Entstehung der Erde

M9 Unsere Erde – klein, aber kostbar

Unser Heimatplanet Erde ist klein, aber auch etwas Besonderes. Dass Leben entstehen konnte, hängt vom Abstand unseres Planeten von der Sonne und weiteren günstigen Umständen ab. Solche Lebensbedingungen sind im Weltall sehr selten anzutreffen.

Trotzdem vermuten Wissenschaftler, dass es in anderen Sonnensystemen noch andere von Lebewesen bewohnte Planeten gibt. Vielleicht gibt es sogar Lebewesen, die dem Menschen ähneln.

Die Erde aus dem Weltraum betrachtet © NASA

M 10 Der Anfang der Welt und ich

Am Anfang war der Urknall und heute bin ich auf der Welt. Ich bin zusammengesetzt aus Atomen des Universums, die lange nach dem Urknall aus einem längst verloschenen Stern entstanden sind.

Meine Zellen enthalten etwas aus dem Ur-Ozean der Erde. Wir Menschen sind aus dem Staub der Sterne und aus dem Ur-Wasser der Erde. Es musste eine Menge passieren, bis ich zu dem wurde, was ich bin. Der Urknall – die Gaswolken und Staubwolken – die Sterne – die Planeten – das Leben auf der Erde und die Liebe meiner Eltern.

Im Bauch von Mama habe ich die ganze Entwicklung vom einfachen Lebewesen bis zum Menschen im schnellen Zeitraffer wiederholt.

Damit ich leben konnte, reichten neun Monate nicht aus. Die Erschaffung des Menschen dauerte viele Milliarden Jahre. Die wunderbare Geschichte unserer Welt ist in mir.

Oberthür, Rainer: Neles Buch der großen Fragen. Eine Entdeckungsreise zu den Geheimnissen des Lebens, München 2002, S. 25 © Kösel, in der Verlagsgruppe Random House

M 11 Schöpfung oder Zufall?

Wenn der Mensch sich als Geschöpf Gottes versteht, verbindet ihn das mit allen anderen Mitgeschöpfen.

Schöpfung drückt aus, dass wir Menschen die Welt nicht erschaffen haben und nicht die Herrscher der Welt sind.

Die Naturwissenschaft kann heute alles erklären. Die Rede von der Schöpfung ist veraltet.

Gott hat die Welt nicht erschaffen. Alles ist nur Zufall. Auch ich bin ein Zufall.

M 12 Die biblische Schöpfungserzählung – eine veraltete Geschichte?

© Antranias

Bettina unterhält sich mit ihrer Mutter

Bettina:
Gott kann doch nicht innerhalb von sieben Tagen die Welt erschaffen haben. Ich habe in »Was ist was?« gelesen, dass es einen Urknall gab. Da steht auch, dass es Milliarden Jahre gedauert hat, bis alles so war wie heute.

Mutter:
Leider nehmen viele Menschen die Bibel wörtlich. Das ist nicht richtig. Damals gab es noch keine Naturwissenschaften. Die Erzähler, die die Schöpfungsgeschichte aufgeschrieben haben, wollten ausdrücken, dass Gott alles geschaffen hat. Und dann haben sie das Wichtige, was sie gesehen haben, geordnet und aufgezählt.

Bettina:
Und das soll alles in sieben Tagen passiert sein?

Mutter:
Nein, du hast richtig gelesen. Es dauerte Milliarden Jahre.

Bettina:
Also stimmen weder der Zeitraum noch der Ursprung. Es war ja der Urknall. Und dazu hast du noch gar nichts gesagt. Die Geschichte in der Bibel ist unwahr.

Mutter:
Und wie kam es zum Urknall? Von Nichts kommt nichts. Niemand weiß, was vor dem Urknall war. Für mich ist es Gott, der ihn verursacht hat und dann stimmt die Aussage der Bibel. Selbst berühmte Naturwissenschaftler halten es für unwahrscheinlich, dass alles, was wir sehen, durch Zufall entstanden sein soll. Stell dir vor, du müsstest einen langen und komplizierten Text in einer dir unbekannten Sprache über-

setzen und du hättest kein Wörterbuch zur Hand. Du darfst dir nur vorstellen, was der Text aussagt. Würdest du zufällig den richtigen Sinn des Textes treffen? So unwahrscheinlich ist es, dass die Welt durch Zufall entstanden ist.

Bettina:
Und was ist mit den sieben Tagen?

Mutter:
Über die Dauer der Schöpfung wusste man damals nichts. Aber es gab schon die Einteilung der Woche in Wochentage. Es lag also nahe, sich die Schöpfung innerhalb einer Woche vorzustellen. Und die Reihenfolge der einzelnen Schöpfungstaten Gottes entspricht ungefähr dem, was die Forscher bislang herausgefunden haben. Erst kam das Licht, dann entstanden Meere und Kontinente. Die Pflanzenwelt entstand, dann die Wassertiere, dann die Landtiere, dann die Menschen.

Bettina:
Dann hat die Bibel also doch Recht?

Mutter:
Ja und nein. Wenn du mehr über die Entstehung und Entwicklung der Erde wissen willst, dann schau in naturwissenschaftlichen Büchern und im Internet nach. Denn die Bibel beantwortet nicht die Frage nach dem »Wie«, sondern nach dem Ursprung des Menschen und seinem Platz auf der Welt. Sie erzählt, in welchem Verhältnis der Mensch zu seinem Schöpfer und zu seinen Mitmenschen steht und wie er mit seinen Mitgeschöpfen, den Tieren und Pflanzen, umgehen soll.

Bettina:
Aber dass sich Gott am siebten Tag ausgeruht hat, ist doch Quatsch, oder?

Mutter:
Die Menschen damals hatten – wie die Juden noch heute – den Sabbat als Ruhetag. Sie wussten auch, dass Gott kein Mensch war und sich nicht ausruhen musste. Aber die Verfasser der Schöpfungsgeschichte wollten zeigen, dass dieser Tag von Gott selbst kommt und ganz wichtig ist. Deshalb ließen sie Gott »ruhen«. Auch die Schöpfung braucht »Ruhepausen«. Sie muss geachtet und geschützt werden, damit ihre Schönheit und Vielfalt erhalten bleiben.

Bettina:
Darüber muss ich noch nachdenken. Dann steht ja doch Wichtiges in der Bibel.

M 13 Ist die biblische Schöpfungserzählung unwahr?

Bettinas Fragen und Einwände	*Die Antworten der Mutter (Versuche, sie mit deinen Worten wiederzugeben)*	*Deine Fragen und Gedanken*
»Gott kann doch nicht innerhalb von sieben Tagen die Welt erschaffen haben.«		
»Es gab einen Urknall und alles hat Milliarden Jahre gedauert, bis es so war wie heute.«		
»Also stimmen weder der Zeitraum noch der Ursprung. Die Geschichte in der Bibel ist unwahr.«		
»Aber dass sich Gott am siebten Tag ausgeruht hat, ist doch Quatsch, oder?«		

M 14 Ein Mensch ist geboren

SCHÖN, DASS IHR DA SEID!	
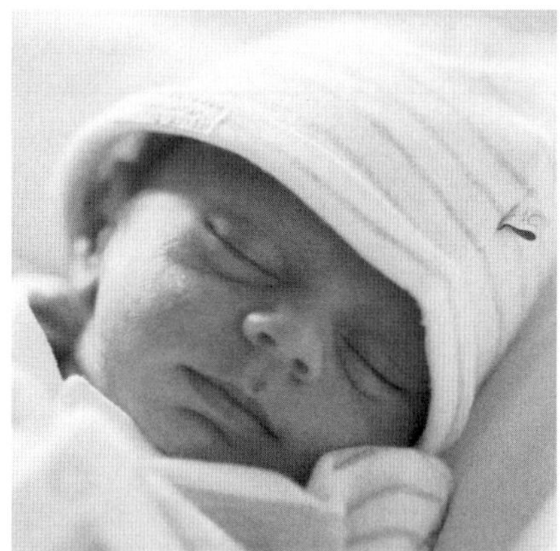	Marie Müller wurde am 15. Juni im Krankenhaus St. Elisabeth geboren. Größe: 50 cm, Gewicht: 3100 g. Ihre Eltern sind: Claudia und Christoph Müller.
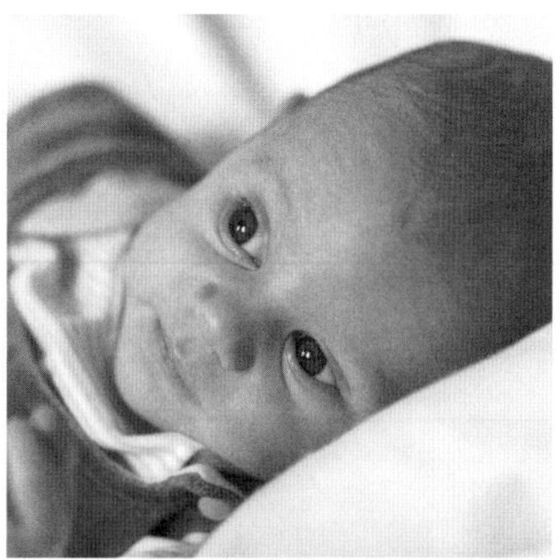	Ben Schultze wurde am 03. Juni im Krankenhaus St. Elisabeth geboren. Größe: 53 cm, Gewicht: 3600 g. Seine Eltern sind: Marion Schultze und Tobias Dreyer.
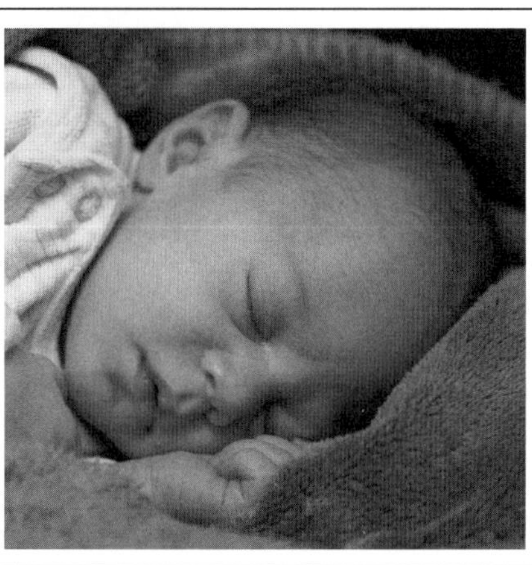	Emma Sanna wurde am 09. Juni im Krankenhaus St. Elisabeth geboren. Größe: 49 cm, Gewicht: 2950 g. Ihre Mutter ist: Katharina Sanna.

Und Gott schuf den Menschen zu seinem Bilde
1. Mose 1,27

Lutherbibel, revidierter Text 1984, durchgesehene Ausgabe,
©1999 Deutsche Bibelgesellschaft, Stuttgart

M 15 Wie Eltern die Geburt ihres Kindes deuten

Aufgaben

- Vergleicht die Geburtsanzeigen.
- Schreibt Gemeinsamkeiten und Unterschiede auf.
- Entwerft selbst eine Geburtsanzeige.

Ja, Gott muss noch immer große Freude daran haben,
Menschen ins Leben zu rufen
und sie mit größter Liebe, Sorgfalt und Kreativität zu erschaffen.
Du bist der beste Beweis dafür!

MARVIN

∗ 19.08.2015

Die glücklichen Eltern
Vera und Thomas Hofer

Deine Hände haben mich bereitet
und gemacht alles, was ich um und um bin;
Du hast mir Haut und Fleisch angezogen;
mit Gebeinen und Adern hast du mich zusammengefügt.
(Psalm 139,16)

MIRIAM

10.06.2015–12:52 Uhr – 3.013 Gramm – 52 cm

Wir freuen uns riesig, dass wir Dich haben.
Deine Mama Petra und Dein Papa Bernhard

Ab sofort auf Schritt und Tritt,
gehen zwei kleine Füßchen mit.

NADINE

∗ 15.12.2015, 3222 Gramm, 50 cm

Mit Nadja freuen wir uns riesig über die Geburt unserer zweiten Tochter.
Caroline & Heiner Schmidt

M 16 Bastelanleitung Bilderrahmen

Falte ein weißes oder ein buntes Blatt Tonpapier (Größe: 20 × 20 cm) wie einen Brief, indem du die vier Ecken nacheinander zur Mitte hin faltest.

Knicke dann die vier Spitzen von der Mitte wieder zur Außenkante zurück und klebe sie fest.

Klebe in die Mitte ein Quadrat aus Spiegelfolie (10 × 10 cm).

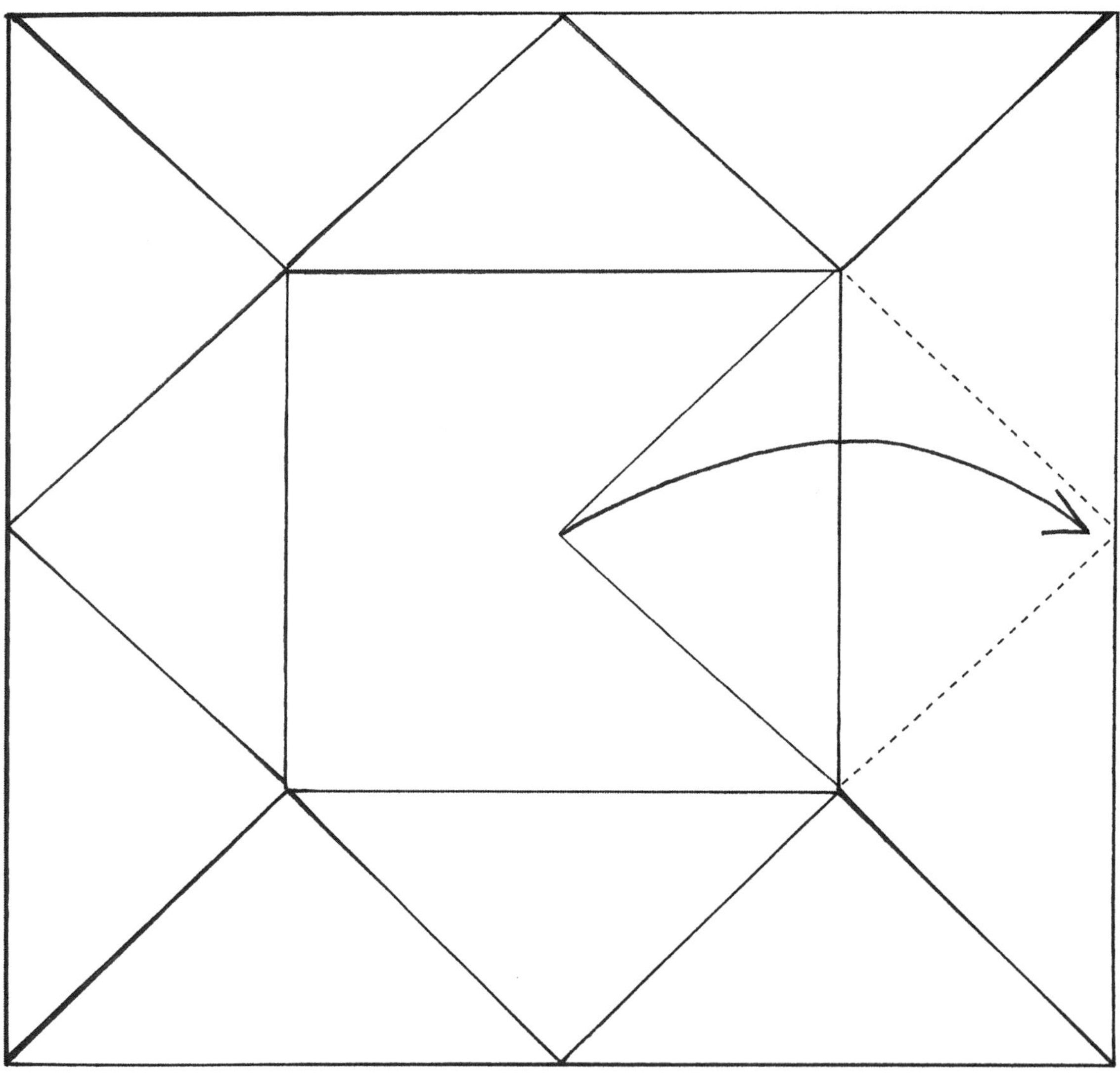

Aufgaben

- Schaut in den Spiegel.
- Schreibt verdeckt unter die umgeknickten Ecken mindestens drei Eigenschaften von euch, von denen ihr meint, dass sie anderen nützen können.

Jahrgang 7/8: »Der Frieden – ein unerfüllbarer Wunschtraum?«

Didaktische Überlegungen

Religion ist ambivalent. Sie bringt Akte der Nächstenliebe und Gewaltfreiheit hervor, wird aber auch zur Rechtfertigung von Gewalt in Anspruch genommen. Im Namen Gottes wurden über Jahrhunderte Kriege geführt. Auch heutzutage wird Religion für Interessenskonflikte instrumentalisiert: Diese werden zu Wertekonflikten hochstilisiert und Menschen werden dazu missbraucht, im Namen ihrer Religion andere Menschen ihrer Lebensperspektiven zu berauben. Gewalt ist jede Maßnahme und Aktion, die ein Individuum oder Gruppen von Menschen physisch, psychisch oder sozial schädigt. Der Friedensforscher Johan Galtung unterscheidet drei Formen von Gewalt:

- personale (direkte) Gewalt – sie ist mit bloßem Auge erkennbar.
- strukturelle Gewalt – sie zeigt sich in sozialer Ungerechtigkeit und Herrschaft von Menschen über Menschen.
- kulturelle Gewalt – sie zeigt sich in der Kultur, wenn z. B. in der Sprache, Ideologie, Religion oder Kunst die direkte oder die strukturelle Gewalt für rechtens erklärt wird.[1]

Kulturelle Gewalt sei am schwersten veränderbar, weil sie zur Tiefenstruktur einer Kultur gehöre und die Wahrnehmungen und Weltauffassungen einer Gesellschaft in grundlegender Weise präge. Religion ist Teil der Kultur und kann durch den Aufbau von Haltungen, Einstellungen und Bereitschaften zu Vertrauensfähigkeit und Versöhnung, aber auch zu Intoleranz und Ausgrenzung beitragen.

Religionsunterricht muss Friedens-Bildung sein. Wachsende globale und gesellschaftliche Konflikte unterstreichen die Dringlichkeit seines Auftrags. Daraus erwächst für Religionslehrkräfte die Aufgabe, Zielsetzungen und Schwerpunkte einer Bildung zur Friedensfähigkeit beständig zu reflektieren und sie in Auseinandersetzung mit biblischen und theologischen Grundlagen fortzuschreiben.

Für das Neue Testament, so der Theologe Eberhard Jüngel, sei charakteristisch, dass indikativisch vom Frieden gesprochen werde, d. h. als sei er jetzt schon Wirklichkeit.[2] Dies unterscheide den biblischen von einem ethisch fundierten Friedensbegriff. Nach neutestamentlichem Verständnis ist Jesus Christus die Quelle des Friedens, weil sein Leben und Wirken den Geist des Friedens hat offenbar werden lassen. Diesen Frieden kann die Welt sich aber nicht selbst geben, weil Neid, Begehren und Konkurrenzdenken die Menschen daran hindern, friedlich zusammenzuleben. Da der Frieden durch den Menschen weder konstituiert noch garantiert werden könne, sei er darauf angewiesen, von einer anderen Wahrheit begründet und getragen zu werden.

In der Bibel empfangen die Jünger ihn von Jesus als ein Geschenk: »Den Frieden lasse ich euch, meinen Frieden gebe ich euch. Nicht gebe ich euch, wie die Welt gibt. Euer Herz erschrecke nicht und fürchte sich nicht« (Joh 14,27–28). An der Geschichte des Jesus von Nazareth haben die Evangelisten in einer von Gewalt geprägten Umwelt den uralten Mechanismus aufgedeckt, dass eine Gesellschaft einen Sündenbock braucht, den sie zum Opfer macht.[3] Sie haben gezeigt, dass Jesus Christus seine Anhänger von Gegengewalt zurückhält und das erfahrene Leid mit allen Konsequenzen erduldet. Das Leiden eines Unschuldigen durchbricht den immer wiederkehrenden Zyklus der Gewalt und entlarvt diesen Mechanismus als Unrecht.

Die Evangelien sind aber nicht dabei stehengeblieben, sondern erzählen allesamt von der Auferweckung, der Auferstehung Jesu. Nach Jüngel hat Gott damit den gewaltfreien Weg des Jesus von Nazareth öffentlich ins Recht gesetzt. Alle nachfolgenden Generationen leben von dieser österlichen Wahrheit, dass Frieden ist, selbst wenn die Wirklichkeit noch unter Krieg und Zerstörung leidet. Der Frieden, den Gott schenkt, erweist sich somit als höher als alle menschliche Vernunft. Menschen müssen und können ihn nicht selbst herstellen, sondern zehren durch die Auferweckung Jesu von ihm. Eberhard Jüngel drückt dies theologisch so aus, dass die Wahrheit des Menschen durch den Indikativ des Friedens und nicht durch menschliches Verhalten bestimmt sei. Den Indikativ des Friedens schafft Gott. Der Mensch könne von ihm zehren – selbst dann, wenn Unfrieden herrsche.

Anzubahnende Kompetenzen

Die Schülerinnen und Schüler

- beschreiben Begleiterscheinungen und Folgen, die Krieg und Gewalt für die Opfer mit sich bringen.
- stellen dar, dass alle Lebewesen aufeinander angewiesen sind und als Geschöpfe Gottes ein gemeinsames Lebensrecht besitzen.
- erläutern, dass die Gewalt im Alten Testament als ein Mittel angesehen wurde, um in einem Umfeld der Gewalt die Rechte der Unterdrückten durchzusetzen. Sie erklären weiterhin, dass das Bemühen um eine Eindämmung von Gewalt ein wichtiges biblisches Motiv ist.
- gestalten biblische Verheißungen und Hoffnungsbilder von Frieden und Gerechtigkeit.
- erläutern, dass Jesus einen dritten Weg, jenseits von Gewalt und jenseits von Passivität, gegangen ist.
- erläutern, dass die Gebote der Gottes-, Nächsten- und Feindesliebe den Kern christlicher Ethik darstellen.[4]
- schildern die Motive eines Christen oder einer christlichen Organisation, sich für Versöhnung und Frieden einzusetzen.
- beschreiben, dass Haltungen und Handlungen wie z. B. Vertrauensfähigkeit und Gesten der Versöhnung den Frieden schützen und entwickeln helfen.
- stellen wichtige Merkmale von Frieden gestalterisch dar.

Organisation des Unterrichts und Differenzierung

Diese Unterrichtssequenz orientiert sich an dem Dialogmodell, das zusätzlich zu einer Kursphase eine Klassenphase vorsieht. In dieser Phase finden ein Austausch und eine Diskussion zwischen Religion und dem Alternativfach statt.[5]

Leitendes Prinzip für die Kursphase ist die Wahldifferenzierung. Das bedeutet: Schüler, die ein Teilthema bearbeiten, haben die Möglichkeit, sich mehrere Aufgaben unterschiedlicher Lernzugänge und Schwierigkeitsgrade auszusuchen. Dabei müssen sie aber beachten, dass manche Aufgaben aufeinander aufbauen.

Wie aus der Lernlandkarte ersichtlich ist, beginnt die Unterrichtssequenz mit einer Klassenphase (A1) und geht in eine Kursphase (B) über. Während dieser bearbeiten die Schüler in Kleingruppen fünf Teilthemen (B1–B5). Am Ende der Kursphase präsentieren und diskutieren die Schülerinnen ihre Ergebnisse (B6). Die Sequenz endet mit einer Klassenphase (A2).

Die Impulsmaterialien haben eine entsprechende Kennzeichnung: B4/M2 bedeutet, dass das Material für die Kursphase (B) vorgesehen ist, von Arbeitsgruppe 4 verwendet werden soll und dass es sich dabei von den Materialien (M) für diese Gruppe um die Nummer 2 handelt.

Planungsübersicht

A1 Klassenphase zu Beginn der Unterrichtssequenz: Sich gemeinsam ins Thema und in Leitfragen hineindenken (2 Doppelstunden) – Leitgedanken und Unterrichtshinweise

Das Plakat »Es ist Krieg. Entrüstet euch« (A1/M1) dient als Einstimmung in das Unterrichtsthema. Die Schülerinnen beschreiben es in einem ersten Schritt und erkennen, dass die Friedenstaube blutet und gekreuzigt wurde. Sie arbeiten die Doppeldeutigkeit des Imperativs »Es ist Krieg – entrüstet euch!« heraus und tragen dazu ihre Assoziationen sowie Beispiele zusammen.

Nach einer Verständigung über den Begriff »Krieg« (A1/M3) können folgende Materialien vertiefend herangezogen werden: Das Lied »Kein vernünftiger Mensch« (A1/M2) korrespondiert mit der Aussage des Plakates. Es kann vorgespielt und mit Beispielen gefüllt werden. Die vier Statements »Kommt durch den Krieg der Frieden?« (A1/M4) führen über eine moralische Empörung hinaus und regen zum Fragen an. Sie können auch während der Dialogphase am Schluss der Unterrichtssequenz zum Einsatz kommen.

Am Ende der Planungsübersicht finden sich zwei Lernlandkarten, die den gesamten Rahmen und die Arbeit während der Kursphase Religion abbilden. Die erste ist die Version für die Lehrkraft. Sie visualisiert wichtige didaktische Aspekte, die während der Erarbeitungs- und Diskussionsphasen von Bedeutung sind. Die zweite Lernlandkarte ist für die Schüler gedacht. Sie bietet einen Überblick über die Organisation der Unterrichtssequenz und die zu bearbeitenden Teilthemen.

Nach der thematischen Einstimmung erläutert die Lehrkraft das Unterrichtsthema »Der Frieden – ein unerfüllbarer Wunschtraum?« einschließlich seiner Teilthemen. In der Mitte der Lernlandkarte werden gemeinsam Leitfragen festgehalten. Sie sind gleichzeitig Dialogthema für die Klassenphase am Schluss der Unterrichtssequenz (Phase A2).

Für den Kurs des Alternativfaches muss ebenfalls eine Lernlandkarte erstellt werden, auf der die gemeinsamen Leitfragen für die beiden Kurse auch fixiert sind. Folgende Teilthemen könnten darauf verzeichnet und bearbeitet werden:

- Gewalt hat viele Gesichter (Gewaltbegriff nach Johan Galtung, einschließlich Beispielen)
- Wie Philosophen über den Frieden denken (Grundelemente der Friedenstheorien von Hobbes und Kant)
- Friedenssymbole – Entstehung, Aussage, Verwendung (säkulare Symbole, z. B. Friedensrune, weiße Flagge, zerbrochenes Gewehr, Kranich)
- Organisationen, die Frieden stiften – ihre Überzeugungen und ihre Aktionen
- Pazifismus und seine Begründungen aus säkularer Perspektive

Klassen, die im selbständigen Arbeiten geübt sind, sollten an der Findung der Teilthemen beteilig werden. Dabei wäre seitens der Lehrkräfte darauf zu achten, dass religionsdidaktische Aspekte, die für die Kursphase Religion bzw. philosophisch-ethische Aspekte, die für die Kursphase des Alternativfaches relevant sind, Berücksichtigung finden (vgl. dazu für Religion die Lernlandkarte für die Lehrkraft). Die Lernlandkarte bildet die organisatorische und inhaltliche Struktur des Vorgehens ab und ist der »rote Faden« der Unterrichtssequenz, der für alle sichtbar aufgehängt werden sollte.

Die vorliegenden Unterrichtshinweise skizzieren den Einsatz der Impulsmaterialien und umreißen Aspekte, die darüber hinaus zu bearbeiten wären. Die Beispielaufgaben eröffnen unterschiedliche Lernzugänge und tragen zur Anbahnung inhalts- und prozessbezogener Kompetenzen bei. Die Schüler sollten die Möglichkeit haben, zwischen verschiedenen Aufgaben zu wählen. Während der Kleingruppenphase sollen die Schülerinnen weitere geeignete Materialien recherchieren und selbständig erschließen.

Eine mögliche Testersatzleistung zum Thema »Frieden« setzt sich aus zwei Teilen zusammen. Der eine Teil, der bewertet wird, ist die Mappe, die jeder Schüler während der Kleingruppenarbeit führt. Darin soll er Ergebnisse der Gruppe festhalten, die zu ausgewählten Aufgaben erarbeitet wurden, Zusatzmaterialien nebst zugehöriger Auswertungsergebnisse dokumentieren und regelmäßige Aufzeichnungen über die Zusammenarbeit in der Gruppe und das eigene Arbeitsverhalten machen. Der zweite Teil der Testersatzleistung ist ein »Produkt«, das jeder Schüler anfertigt. Es soll neue Einsichten, die er zum Thema gewonnen hat, auf kreative Weise darstellen. Die Schüler erhalten unter A1/M5 Bewertungskriterien für die Reflexion ihrer Arbeit. Diese wurden für eine Schule konzipiert, an der bis Klasse 9 keine Noten erteilt, sondern Lernentwicklungsberichte gegeben werden. Sie können aber auch als Grundlage für eine Benotung oder als notenergänzende Rückmeldung verwendet werden. Die Schüler sollten die Kriterien kennen, bevor sie mit der Arbeit beginnen.

B1–6 Kursphase: Teilthemen B1–B5 in Kleingruppen erschließen, B6 Ergebnisse präsentieren, diskutieren und individuell gestalten (5 Doppelstunden)

Zu Beginn werden Kleingruppen mit vier bis sechs Teilnehmern zu den fünf Teilthemen gebildet und Absprachen über das Vorgehen, die Dauer der Arbeitszeit und die erwarteten Ergebnisse getroffen. Je nach Kursgröße kann es zu den Teilthemen B1 und B2 eine Parallelgruppe geben. Jede Kleingruppe legt fest, welche Aufgaben sie bearbeiten will, verteilt diese und tauscht sich in regelmäßigen Abständen über Ergebnisse aus.

Am Anfang oder Ende jeder Doppelstunde werden während der gesamten Kursphase ca. 15 Minuten Zeit für Zwischenberichte von ein bis zwei Gruppen eingeplant. So erhalten Kursteilnehmer und Lehrkraft Gelegenheit, Anregungen zu geben und Fragen zu stellen. Das entlastet die Präsentationen der Teilgruppen am Ende der Kursphase (B6) und motiviert die Schüler, zu vorweisbaren Ergebnissen zu kommen.

Teilthema B1: Ist die Bibel ein Buch der Gewalt? Wie deutet sie die Ursachen von Gewalt und Krieg? – Leitgedanken und Unterrichtshinweise

Das Plakat »Gier Macht Kr!eg« (B1/M1) wirft die Frage nach den Ursachen von Krieg und Gewalt auf. Die Schülerinnen entdecken, dass es sich auf zweierlei Weise lesen lässt und sammeln Beispiele, die seine Aussage entweder stützen oder ihr zuwiderlaufen.

Der Slogan führt in die Frage hinein, wie in der Bibel Ursachen von Gewalt und Krieg gedeutet werden. Hier bietet sich die Erzählung von Kain und Abel an (1. Mose 4). Sie führt den Mord des Menschenbruders auf Neid und Begehren zurück und nimmt den Menschen als Hüter seiner Menschengeschwister in die Verantwortung.

Die Auseinandersetzung der Schüler mit Jos 8 (Eroberung der Stadt Ai) scheint das Vorurteil zu bestätigen, die Bibel sei ein Buch der Gewalt. Wenn sie Jos 8 mit 5. Mose 20 (Kriegsgesetze) und 5. Mose 5,16–19 (aus den Zehn Geboten) vergleichen, können sie jedoch entdecken, wie Israel sich durch Schutzbestimmungen auf den Weg zur Überwindung der Gewalt gemacht hat.

Der Aufnäher »Schwerter zu Pflugscharen« und das Foto mit dem Banner am Greifswalder Dom (B1/M2 und B1/M3) rücken am Beispiel von Micha 4,1–3 (B1/M4) den Einspruch alttestamentlicher Propheten gegen Krieg und Gewalt in die heutige Lebenswelt hinein. Michas Prophezeiungen von einer Welt ohne Krieg können dazu inspirieren, Vorstellungen von einem friedlichen Zusammenleben der Menschen heute auszubilden. Das Gedicht »der dritte Weg« (B1/M5) macht deutlich, dass die Gewaltfreiheit Jesu nicht mit Passivität gleichzusetzen ist und regt dazu an, in den Evangelien nach Beispielgeschichten zu suchen, in denen Jesus die Macht- und Herrschaftsstrukturen seiner Zeit gewaltfrei unterwanderte. Beispiele finden sich in B1/M6.

Teilthema B2: Vorstellungen vom Frieden in der Bibel – heute noch aktuell? – Leitgedanken und Unterrichtshinweise

Das Interview mit dem Psychoanalytiker Horst Eberhard Richter (B2/M1) konfrontiert die Schülerinnen anhand der Erlebnisse eines Soldaten während des Zweiten Weltkrieges mit der Frage nach den Haltungen, die Menschen einander entgegenbringen. Richter vertritt die Auffassung, Psychoanalytiker könnten anderen dabei helfen, zu verstehen »dass die Welt friedloser wird, wenn wir das Vertrauen verlieren, dass im Menschen Mitmenschlichkeit und Versöhnlichkeit angelegt sind.« Die Welt werde zudem friedloser, »wenn Menschen sich auf die erpresserische Übermacht von Waffen mehr verlassen als darauf, ihr Zusammenleben auf Gleichheit, Ebenbürtigkeit und Gerechtigkeit zu gründen.« Es bietet sich an, dass die Schüler Richters Vorstellungen mit biblischen Vorstellungen vom Frieden vergleichen. Unterschiedliche Facetten des biblischen Friedensbegriffs kommen in B2/M2 zur Sprache.[6] Die Schüler können bei einem Vergleich von B2/M1 mit B2/M2 Gemeinsamkeiten und Unterschiede zwischen biblischen und säkularen Begründungen herausstellen.

Material B2/M3 bündelt biblische Vorstellungen vom Frieden. Dieser wird als intakte Beziehung zu den Mitmenschen, den Mitgeschöpfen und zu Gott qualifiziert. Für die Schüler kann diese Aussage anhand der urgeschichtlichen Erzählungen von Schöpfung (1. Mose 1–2,4a) und Paradies (1. Mose 2,4b–25) nachvollziehbar werden. Hier wird in anschaulichen Bildern der ungestörte Indikativ der gesamten Schöpfungsgemeinschaft (Oikoumene) geschildert und der Frieden als Urzustand gedeutet.

Die Seligpreisungen Mt 5,6 und Mt 5,9 sowie weitere thematisch relevante Teile der Bergpredigt (vom Töten: Mt 5,21–26; von der Feindesliebe: Mt 5,43–48; vom Beten Mt 6,5–15) markieren eine Ethik der Nachfolge Jesu. Sie laden ein, Verantwortung zu übernehmen und das zu suchen und zu tun, was dem Leben dient: »Die Weisungen der Bergpredigt überbieten ein von der Logik der Entsprechung bestimmtes Handeln (›Wie du mir so ich dir‹) durch eine Unterbrechung gewohnter Reaktionsmuster, die Raum für neue Möglichkeiten schafft. [...] Der Gehalt der Bergpredigt ist als Denkanstoß für neue Möglichkeiten des Lebens ins Spiel zu bringen, im Rückgriff auf den ›Bergprediger Jesus‹, der die Bedingungen dieser Möglichkeiten freigelegt hat.«[7]

Die Auseinandersetzung mit Teilen der Bergpredigt wirft die Frage nach deren Bedeutung für christliche Friedensarbeit heute auf. Eine knappe Information über den Friedensbeauftragten der EKD mit Links zu seiner Arbeit und zu einem Video mit dem Titel »Der Frieden« hilft den Schülern bei einer zielgerichteten Recherche (B2/M4). Alternativ können die Schüler über die Überzeugungen und Aktionen der katholischen Friedensbewegung pax christi recherchieren (B2/M5).

Die Lieder (B2/M6), die im Kontext der Friedensbewegung der 1980er Jahre entstanden sind, eröffnen einen emotionalen Lernzugang. Auch aus ihnen lassen sich christliche Vorstellungen vom Frieden herauslesen.

Teilthema B3: Christliche Friedenssymbole – wo sie herkommen und was sie bedeuten – Leitgedanken und Unterrichtshinweise

Die Fotos von einem Soldatenfriedhof in der französischen Normandie (B3/M1) eröffnen einen emotionalen Lernzugang. Die vielen Kreuze und der Davidstern erinnern nicht nur an die vielen Einzelschicksale des Leidens und Sterbens im Zweiten Weltkrieg, sondern rücken den Tod in einen christlichen und einen jüdischen Deutungshorizont. Das »Kreuz« als Symbol ist ambivalent: als römisches Folterinstrument steht es für das Leiden und Sterben Jesu. Es steht aber auch für die Auferstehung, dafür, dass Gott die Gewaltfreiheit Jesu ins Recht gesetzt hat. Das Kreuz als Symbol der Gewalt und seiner Überwindung lässt nach der Bedeutung anderer Friedenssymbole fragen. Friedenstaube und Regenbogen (B3/M2), die auf den Bannern und in den Logos von Friedensgruppen begegnen, gehen auf die biblische Geschichte von Noach zurück, die sich die Schüler in dieser Teilgruppe erarbeiten (B3/M3). Die

Schülerinnen erschließen den biblischen Ursprung der beiden Symbole und erläutern, warum christliche Friedensgruppen sie verwenden. Beide Symbole haben auch in nicht-christlichen Friedensgruppen Verbreitung gefunden. Die Pace-Fahne, ursprünglich ein Symbol der italienischen Friedensbewegung, gibt das Farbenspektrum des Regenbogens in umgekehrter Reihenfolge wieder.

Dieses Teilthema eignet sich aufgrund seiner geringeren Komplexität auch für Förderschüler. Der umfangreiche Text in B3/M3 kann ihnen vorgelesen oder als Hörversion zum Mitlesen zur Verfügung gestellt werden.

Die Frage, ob auch das Kreuz ein Friedenssymbol ist, kann in die Diskussion der Ergebnisse am Ende der Kursphase einfließen.

Teilthema B4: Christen oder christliche Organisationen, die Frieden stiften – Was sie tun und wie sie ihr Engagement begründen – Leitgedanken und Unterrichtshinweise

Das Nagelkreuz von Coventry (B4/M1) ist ein Mahnmal für den Frieden. Es erinnert an die Leiden, die Menschen einander im Zweiten Weltkrieg zugefügt haben, und lässt sich als Aktualisierung des Leidens und der Auferstehung Jesu deuten. Inzwischen gibt es auf der ganzen Welt Nagelkreuzgemeinschaften (→ nagelkreuz.org).

In dem Versöhnungsgebet von Coventry (B4/M2) kommt der Geist der Friedensbereitschaft englischer Christen nach dem Zweiten Weltkrieg zum Ausdruck. Es wirft die Frage auf, welche Überzeugungen den Menschen die Kraft geben, dem ehemaligen Gegner trotz des erfahrenen Leids die Hände zu reichen. Zu dieser Frage können die Schüler mithilfe der angegebenen Links (B4/M3) recherchieren und dabei vielfältige Formen des Engagements von Christen für den Frieden entdecken.

In dem Gebet des Franz von Assisi (B4/M4) finden sich komprimiert christliche Handlungsprinzipien und -motive des Einsatzes für den Frieden. Es hebt hervor, dass der Mensch auf Gott angewiesen ist, um friedensfähig zu werden: Der Beter bittet Gott als den Ursprung und die Quelle des Friedens (z. B. 1. Mose 1 und 1. Mose 2) darum, ihn zu einem Werkzeug seines Friedens zu machen und ihn auf diesem Weg zu unterstützen.

Teilthema B5: Was meint Pazifismus? Was bedeutet es, pazifistisch zu handeln? – Leitgedanken und Unterrichtshinweise

Die Skulptur »Non Violence« von Carl Fredrik Reuterswärd (B5/M1) fordert heraus, sich mit den Begründungen, Formen und der Umsetzbarkeit pazifistischer Überzeugungen auseinanderzusetzen. Sie steht vor dem Hauptquartier der Vereinten Nationen in New York, zu deren wichtigsten Aufgaben die Sicherung des Weltfriedens zählt.

Die Nacherzählung der Szene aus dem Film *Gandhi* führt in die Auseinandersetzung mit Motiven und Methoden gewaltfreien Widerstands hinein (B5/M2). In der Power-Point-Präsentation »Streitkunst Gütekraft« (→ www.Martin-Arnold.eu → Forschung, Ergebnisse → Downloads) finden sich Begründungen für gewaltfreies Handeln. Es wird argumentiert, dass jedem Menschen die Kraft innewohne, Gutes zu tun. Diese Kraft wird als Gütekraft bezeichnet. Sie werde in privaten Konflikten häufig angewendet, komme aber in globalen Konflikten bislang zu wenig zum Tragen. Längerfristig gehe es daher um eine Umorientierung weg von einem egozentrischen hin zu einem beziehungszentrischen Selbstbild. Dabei würden die Menschen entdecken, was sie verbindet und erkennen, dass es im Interesse aller liege, einen Missstand abzubauen.

Bei der Recherche über die ökumenische Organisation »Gewaltfrei handeln e. V.« (→ www.gewaltfreihandeln.org) erfahren die Schüler, dass es Gruppen gibt, die sich für solche Ziele einsetzen. Der Textauszug von Margot Käßmann (B5/M3) thematisiert die biblischen Wurzeln gewaltfreien Handelns und macht deutlich, dass dies durchaus kein einfacher Weg ist.

Ergebnissicherung B6: Frieden – ein unerfüllbarer Wunschtraum? – Leitgedanken und Unterrichtshinweise

Das Ende der Kursphase dient dazu, Ergebnisse zu sichern, Positionen zu diskutieren, Antworten auf die Leitfragen zu formulieren, den Dialog im Klassenverband (A2, vgl. Lernlandkarte) vorzubereiten und abschließend ein persönliches Ergebnis zu gestalten.

Während der Präsentationen und Diskussionen muss die Lehrkraft mehr als eine Moderatorenrolle einnehmen: Sie hakt nach, hinterfragt, verstärkt, korrigiert, gibt Impulse und nimmt Stellung. Die ausführliche Version der Lernlandkarte will sie bei dieser nicht ganz einfachen Aufgabe unterstützen.

Während der Ergebnispräsentation im Plenum machen sich die Schüler Notizen, z. B. zu folgenden Aspekten:

- Welche Informationen, Deutungen, Überzeugungen waren neu für mich?
- Was möchte ich noch genauer erklärt bekommen?
- Wo stimme ich zu?
- Was sehe ich anders?

Nach einer Klärung von Verständnisfragen werden die Ergebnisse und Positionen der Teilgruppe diskutiert und Antworten auf die Leitfragen formuliert (vgl. Lernlandkarte).[8] Pro Doppelstunde ist es ratsam, zwei bis drei Präsentationen zu diskutieren.

In der ggf. verbleibenden Zeit kann mit den individuellen Gestaltungen begonnen werden: Jeder Schüler soll seine Einsichten zum Thema Frieden auf kreative Weise darstellen, indem er ein Produkt anfertigt, das Informationen, Deutungen, Überzeugungen, die ihm wichtig sind, anschaulich zum Ausdruck bringt (z. B. in einem Text, einem Gedicht, einem Bild, einer Bildergeschichte, einer Schatzkiste »Frieden«, einer Plastik, einem Puzzle, einem Memory, einem Comic …). Hilfreich wäre, wenn die Schüler für ihre Gestaltungen anregende Materialien wie farbiges Papier, Bilder zum Ausschneiden oder Verfremden, Pappe, Knete oder Fimo, Farben etc. zur Verfügung hätten.

Die individuellen Gestaltungen können – ergänzt durch eine Mappe mit Ergebnissen der Arbeit in der Teilgruppe – als Testersatzleistung gewertet werden.

A2 Klassenphase als Abschluss der Unterrichtssequenz – Leitgedanken und Unterrichtshinweise

Anhand eines Museumsrundgangs, eines exemplarischen Produktes oder eines ausgewählten Impulsmaterials gibt jeder Kurs einen kurzen Einblick in seine Arbeit. Anschließend stellt jeder Kurs seine Antworten auf die Leitfragen oder ein Statement als Diskussionsbeitrag vor. Während der Diskussion achtet die Lehrkraft darauf, dass Schüler aus beiden Gruppen sich in einem ausgewogenen Verhältnis artikulieren können. Sie leitet die Diskussion und trägt dafür Sorge, dass unterschiedliche Positionen vorgebracht, angehört und reflektiert werden (vgl. A1/M4).

Materialien

- ein exemplarisches Produkt pro Kurs *oder*
- ein exemplarisches Ergebnis *oder*
- ein Beispiel-Impuls (A2/M1) *oder*
- Antworten aus den beiden Kursen auf die Leitfragen *oder*
- ein Statement des jeweiligen Kurses zum Dialogthema

Abschließend werden Verlauf und Ertrag der Unterrichtssequenz ausgewertet. Dies kann in Form eines Blitzlichtes oder auch mithilfe eines Evaluationsbogens geschehen. Vorschläge der Schülerinnen für die Bearbeitung der nächsten Unterrichtssequenz runden den Rückblick ab.

1 Galtung, Johan: Frieden mit friedlichen Mitteln. Friede und Konflikt, Entwicklung und Kultur, Opladen 1998, S. 362 f.

2 Jüngel, Eberhard: Zum Wesen des Friedens, München 1983.

3 Vertiefend dazu vgl. Girard, René: Ich sah Satan vom Himmel fallen wie einen Blitz. Eine kritische Apologie des Christentums, München 2002.

4 Vgl. Niedersächsisches Kultusministerium (Hg.): Kerncurriculum Katholische Religion für die Integrierte Gesamtschule Jahrgänge 5–10, Hannover 2009, S. 24.

5 Grundlegende Ausführungen zu den Leitgedanken und Organisationsformen dieses Modells sind im *Handbuch Dialogorientierter Religionsunterricht* in den Kap. 1.6 bis 1.7 zu finden.

6 Vgl. dazu die didaktischen Überlegungen.

7 Johannsen, Friedrich: Selig sind die Friedensstifter. Die Bergpredigt: Erinnerung an eine zukunftsträchtige Alternative, in: Becker, Ulrich/Johannsen, Friedrich/Noormann, Harry: Neutestamentliches Arbeitsbuch für Religionspädagogen, Stuttgart [3]2005, S. 52.

8 Es ist auch denkbar, die Ergebnispräsentation in Wirbelgruppen zu organisieren. In jedem Fall sollten sich alle Schüler dabei Notizen machen, um auf die Diskussion im Plenum vorbereitet zu sein.

Literatur und Links

Jüngel, Eberhard: Zum Wesen des Friedens. Frieden als Kategorie theologischer Anthropologie, München 1983

Käßmann, Margot/Wecker, Konstantin (Hg.): Entrüstet euch! Warum Pazifismus für uns das Gebot der Stunde bleibt, Gütersloh [3]2015

Weingardt, Markus: Was Frieden schafft. Religiöse Friedensarbeit. Akteure, Beispiele, Methoden, Gütersloh 2014

Wintersteiner, Werner: Pädagogik des Anderen. Bausteine für eine Friedensarbeit in der Postmoderne, Münster 1999

Oberthür, Rainer: Die Bibel für Kinder und alle im Haus, München [2]2004

www.bpb.de

www.friedenspaedagogik.de

www.hsfk.de

www.friedensdekade.de

Lernlandkarte für die Lehrkraft

<table>
<tr>
<td colspan="2">***Teilthema B1 für die Kursphase:*** Ist die Bibel ein Buch der Gewalt?
Wie deutet sie die Ursachen von Gewalt?
Didaktische Aspekte: Eindämmung und Begrenzung von Krieg und Gewalt, prophetischer Einspruch gegen Gewalt, der dritte Weg Jesu
Impulsmaterialien: B1/M1–B1/M6</td>
<td colspan="2">***Teilthema B2 für die Kursphase:*** Vorstellungen vom Frieden in der Bibel – heute noch aktuell?
Didaktische Aspekte: Aufeinander-Bezogen-Sein aller Geschöpfe (1. Mose 1); Frieden als Indikativ: bewahrt werden (Paradieserzählung); Frieden als Imperativ: bewahren; Schalom als Wohlordnung: Frieden und Gerechtigkeit, Bergpredigt: neue Möglichkeiten des Zusammenlebens experimentell entdecken
Impulsmaterialien: B2/M1–B2/M6</td>
</tr>
<tr>
<td>***Teilthema B3 für die Kursphase:***
Christliche Friedenssymbole – wo sie herkommen und was sie bedeuten
Didaktische Aspekte: Regenbogen als Symbol der Verbundenheit Gottes mit den Menschen, Taube als Symbol für eine bewohnbare Erde
Impulsmaterialien: B3/M1–B3/M3</td>
<td colspan="2" rowspan="2">**Thema: Der Frieden – ein unerfüllbarer Wunschtraum?**
A1 Thematische Annäherungen während einer Klassenphase von Religion und Alternativfach zu Beginn der Unterrichtssequenz: Sehnsucht nach Frieden und die Realität des Krieges (2 Doppelstunden)
Didaktische Aspekte: Begriffe »Krieg« und »Frieden«, Ursachen, Auswirkungen, Folgen von Krieg,
Erarbeiten von Leitfragen, z. B.:
– Warum gibt es Krieg?
– Wie kann Frieden genauer beschrieben werden?
– Wie entsteht Frieden?
– Warum ist es so schwer, dauerhaft in Frieden zusammenzuleben?
Impulsmaterialien: A1/M1–A1/M4</td>
<td>***Teilthema B4 für die Kursphase:***
Christen oder christliche Organisationen, die Frieden stiften – Was sie tun und wie sie ihr Engagement begründen
Didaktische Aspekte: Vertrauensbildende Maßnahmen als Wagnis, der Glaube als Quelle von Kraft und Hoffnung
Impulsmaterialien: B4/M1–B4/M4</td>
</tr>
<tr>
<td rowspan="2">***Teilthema B5 für die Kursphase:***
Was meint Pazifismus? Was bedeutet es, pazifistisch zu handeln?
Didaktische Aspekte: gewaltfreier Widerstand als schöpferische Lebensenergie, Schalom als Weg-Wort, Glaube und Ethik Jesu
Impulsmaterialien: B5/M1–B5/M3</td>
<td rowspan="2">***Abschluss B6 der Kursphase:***
Präsentieren und Diskutieren der Ergebnisse; individuelle Gestaltungen (Dauer der Kursphase: 5 Doppelstunden)
Didaktische Aspekte: Diskutieren der Leitfragen, Gelerntes kreativ zum Ausdruck bringen
Materialien: alle Unterlagen der Gruppen</td>
</tr>
<tr>
<td colspan="2">**A2 Dialogthema für die Klassenphase** am Schluss der Unterrichtseinheit: Der Frieden – ein unerfüllbarer Wunschtraum? (1 bis 2 Doppelstunden)
Didaktische Aspekte: Diskutieren der Leitfragen
Materialien: Gruppenergebnisse und individuelle Gestaltungen, A2/M1</td>
</tr>
</table>

Lernlandkarte für die Schüler

Teilthema B1 für die Kursphase: Ist die Bibel ein Buch der Gewalt? Wie deutet sie die Ursachen von Gewalt?

Impulsmaterialien: B1/M1–B1/M6

Teilthema B2 für die Kursphase: Vorstellungen vom Frieden in der Bibel – heute noch aktuell?

Impulsmaterialien: B2/M1–B2/M6

Teilthema B3 für die Kursphase:
Christliche Friedenssymbole – wo sie herkommen und was sie bedeuten

Impulsmaterialien: B3/M1–B3/M3

Thema: Der Frieden – ein unerfüllbarer Wunschtraum?

A1 Thematische Annäherungen während einer Klassenphase von Religion und Alternativfach zu Beginn der Unterrichtssequenz: Sehnsucht nach Frieden und die Realität des Krieges (Dauer: 2 Doppelstunden)

Unsere Leitfragen:
- Warum gibt es Krieg?
- Wie kann Frieden genauer beschrieben werden?
- …

Impulsmaterialien: A1/M1–A1/M4

Teilthema B4 für die Kursphase:
Christen oder christliche Organisationen, die Frieden stiften – Was sie tun und wie sie ihr Engagement begründen

Impulsmaterialen: B4/M1–B4/M4

Teilthema B5 für die Kursphase:
Was meint Pazifismus? Was bedeutet es, pazifistisch zu handeln?

Impulsmaterialien: B5/M1–B5/M3

A2 Dialogthema für die Klassenphase am Schluss der Unterrichtssequenz: Der Frieden – ein unerfüllbarer Wunschtraum? (Dauer: 1–2 Doppelstunden)

Materialien: Gruppenergebnisse und individuelle Gestaltungen, A2/M1

Abschluss B6 der Kursphase:
Präsentieren und Diskutieren der Ergebnisse; individuelle Gestaltungen (Dauer der Kursphase 5 Doppelstunden)

Materialien: alle Unterlagen der Gruppen

A 1/M 1 Plakat der FriedensDekade

© www.friedensdekade.de

Aufgaben

- Beschreibt das Plakat genau.
- Schildert Beispiele, die zu der Aussage des Plakates passen.
- Haltet eure Gedanken und Fragen zu dem Plakat in einer Mindmap fest.
- Deutet das Plakat, indem ihr die Doppeldeutigkeit der Aufforderung erklärt.

A 1/M 2 Kein vernünftiger Mensch

Kein vernünftiger Mensch wird behaupten,
dass man Ölflecken wegputzt mit Öl,
dass man Tinte abwischt mit Tinte.
Warum aber Blut mit Blut?

Text nach Bertha von Suttner in: Macht, Siegfried: Eine Welt oder keine. Kanons für Frieden, Umwelt, Eine Welt, Mainz 2007 © Bund-Edition im Verlag Schott

Aufgaben

- Schildert euch gegenseitig Gefühle und Gedanken, die dieser Kanon bei euch auslöst. Vergleicht die Aussage des Kanons mit der Aussage auf dem Plakat (A 1/M 1).
- Ist der Frieden ein unerfüllbarer Wunschtraum? – Tauscht eure Gedanken zu dieser Frage aus. Formuliert Gesichtspunkte, die geklärt werden müssen, um Antworten zu finden.

A 1/M 3 Was wird als »Krieg« bezeichnet?

Allgemein:

Krieg bezeichnet einen organisierten, mit Waffen gewaltsam ausgetragenen Konflikt zwischen Staaten bzw. zwischen sozialen Gruppen der Bevölkerung eines Staates (Bürger-Krieg).

Speziell:

1) Nach den *Ursachen* werden religions- und ideologisch begründete Kriege, Kolonial-, Wirtschafts- und Unabhängigkeits-Kriege etc. unterschieden.

2) Nach den *Zielen* wird zwischen Angriffs-, Interventions-, Sanktions-, Verteidigungs- und Befreiungs-Kriegen etc. unterschieden.

3) Nach den *Formen* werden z. B. regulärer, Partisanen-, Volks-, Miliz- und Guerilla-Kriege unterschieden.

4) Entsprechend den eingesetzten *Waffen*(gattungen) wird z. B. zwischen konventionellem, Atom-, bakteriologischem, chemischem Krieg, ferner zwischen Land-, See- und Luft-Krieg unterschieden.

5) *Räumlich* wird z. B. zwischen lokal begrenztem, regionalem oder Welt-Krieg unterschieden.

Während früher der Krieg als Schicksal und als Bewährungsprobe angesehen, als »Fortsetzung der Politik mit anderen Mitteln« akzeptiert und zwischen gerechtem und ungerechtem Krieg differenziert wurde, gilt heute aufgrund der Gefahr einer Selbstvernichtung der Menschheit (z. B. durch ABC-Waffen) der Kriegs-Ursachenforschung, der Friedens- und Konfliktforschung, den Deeskalations- und Vermittlungsbemühungen in der Außenpolitik, der Kriegs-Vermeidung und den internationalen Abrüstungsverhandlungen oberste politische Priorität.

Schubert, Klaus/Martina Klein: Das Politiklexikon. 5., aktual. Aufl. Bonn: Dietz 2011 © Verlag J.H.W. Dietz Nachf.

A 1/M 4 Streit der Meinungen: Kommt durch den Krieg der Frieden?

Aufgaben

- Zeigt auf, welche Gründe in den vier Statements für das Führen von Kriegen genannt werden.
- Schildert Beispiele, die zu den Statements passen.
- Stellt Feindbilder dar, die Menschen voneinander haben können.
- Beschreibt den Zusammenhang zwischen Fremdenangst und Feindbild.
- Schreibt ein eigenes Statement zu der Frage »Kommt durch den Krieg der Frieden?« in eine leere Sprechblase hinein.
- Nehmt Stellung zu einem Statement eurer Wahl und diskutiert eure Meinungen, indem ihr sie zu der Frage »Kommt durch den Krieg der Frieden?« in Beziehung setzt.

A 1/M 5 Information für eine Testersatzleistung

Liebe Schülerinnen und Schüler!

Zum Thema »Der Frieden – ein unerfüllbarer Wunschtraum?« sollt ihr eine Testersatzleistung erbringen. Bewertet wird:

1. eure Mappe!
Hier dokumentiert jede/r die Arbeit der Gruppe.

2. ein persönliches »Produkt«!
Jede/r soll zeigen, was er/sie gelernt hat und was ihm/ihr an dem Thema wichtig ist. Man kann z. B. eine Zeichnung, ein Plakat oder eine Plastik anfertigen. Man könnte ein Spiel entwerfen, z. B. ein Memory. Man kann ein Gedicht oder eine Geschichte schreiben oder eine Schatzkiste »Frieden« zusammenstellen.

Das Produkt muss bis zum ____________ fertig sein.

Es gibt Produkte, die ihr erklären müsst, z. B. wenn jemand eine Plastik geformt hat. Er bzw. sie muss dann in einem kurzen Text aufschreiben, welche Gedanken er/sie sich dabei gemacht hat.

Bewertungskriterien für die Mappe

Wie du deine Mappe geführt hast	*besonders gut gelungen*	*gelungen*	*mit Einschränkungen gelungen*	*noch nicht gelungen*
Du hast die Ergebnisse, die in deiner Gruppe erarbeitet wurden, gründlich dokumentiert.				
Du hast Zusatzmaterialien und Auswertungsergebnisse gründlich dokumentiert.				
Du hast in regelmäßigen Abständen beschrieben, was euch zusammen in der Gruppe gelungen ist und was euch weniger gelungen ist.				
Deine Mappe enthält ein Inhaltsverzeichnis.				
Du hast deine Mappe sorgfältig geführt.				

Bewertungskriterien für das »Produkt«

Aussagen zu deinem Produkt	*besonders gut gelungen*	*gelungen*	*mit Einschränkungen gelungen*	*noch nicht gelungen*
An deinem Produkt wird deutlich, dass es um das Thema »Frieden« geht.				
Dein Produkt drückt wichtige Aspekte des Themas »Frieden« aus.				
Dein Produkt zeigt, was dir persönlich bei diesem Thema wichtig ist.				
Dein Produkt ist ansprechend gestaltet.				
An deinem Produkt wird deutlich, dass du dir viele Gedanken zum Thema gemacht hast.				

B 1/M 1 Plakat der FriedensDekade

© www.friedensdekade.de

B 1/M 2 Schwerter zu Pflugscharen

Das Logo der Ökumenischen FriedensDekade
© www.friedensdekade.de

B 1/M 3 Am Dom in Greifswald

Ein Banner »Schwerter zu Pflugscharen« am Dom der Stadt Greifswald, Foto der Autorin

B 1/M 4 Der Prophet Micha weissagt über die Zukunft des Krieges

---

Am Ende der Tage wird es geschehen: Der Berg mit dem Haus Gottes steht fest gegründet als höchster der Berge; er überragt alle Hügel. Zu ihm strömen die Völker. Viele Nationen machen sich auf den Weg. Sie sagen: Kommt, wir ziehen hinauf zum Berg Gottes. Er zeige uns seine Wege, auf seinen Pfaden wollen wir gehen. Denn von Gottes Berg Zion kommt die Weisung, aus Jerusalem kommt Gottes gutes Wort. Gott spricht Recht im Streit vieler Völker, er weist mächtige Nationen zurecht. Dann schmieden sie Pflugscharen aus ihren Schwertern, und Winzermesser aus ihren Lanzen. Man zieht nicht mehr das Schwert, Volk gegen Volk, und übt nicht mehr für den Krieg

Micha 4,1–3

Die Bibel. Einheitsübersetzung in neuer Rechtschreibung,

B 1/M 5 der dritte weg

wir sehen immer nur zwei wege
sich ducken oder zurückschlagen
sich kleinkriegen lassen oder
ganz groß herauskommen
getreten werden oder treten

Jesus du bist einen anderen weg gegangen
du hast gekämpft aber nicht mit waffen
du hast gelitten aber nicht das unrecht bestätigt
du warst gegen gewalt aber nicht mit gewalt

Wir sehen immer nur zwei möglichkeiten
selber ohne luft sein oder andern die kehle zuhalten
angst haben oder angst machen
geschlagen werden oder schlagen

[…]

Lasst uns die neuen wege suchen
wir brauchen mehr phantasie als ein rüstungsspezialist
und mehr gerissenheit als ein waffenhändler
und lasst uns die überraschung benutzen
und die scham die in den menschen versteckt ist

Dorothee Sölle, Den Rhythmus des Lebens spüren.
Inspirierter Alltag, Freiburg 2003, S. 147 © Herder

B 1/M 6 Vom Umgang Jesu mit der Gewalt

Im Garten von Gethsemane fordert Jesus später einen seiner Jünger, der sich der Gefangennahme widersetzt, klar und deutlich auf: »Stecke dein Schwert zurück an seinen Ort! Denn wer das Schwert nimmt, der soll durch das Schwert umkommen« (Matthäus 26,52).

Dies zeigt, dass Jesus sich des Kreislaufs der Gewalt sehr bewusst war. Er kannte die Realität der Macht und der Gewalt. Für Christen und Christinnen ist jedoch eine andere Logik maßgebend: Wer groß sein will, soll Dienerin und Diener der anderen sein (Matthäus 20,26). Die Lehre Jesu als Ganze kann nicht durch Einzelverse wie Lukas 22,36 (»Wer kein Schwert hat, verkaufe seinen Mantel und kaufe eins«) in Frage gestellt werden. Vielmehr sehen wir ein Konzept, das die seinerzeit weithin akzeptierte »Normalität« der Gewalt hinterfragt.

Oft hat Jesus seine Jünger provoziert: als er mit dem Zöllner aß, den Kindern zuhörte und den liebte, der ihn verriet. Sein Leben und die Geschichte, die er erzählte, lehren eine Ethik, die alle Beteiligten in die Unterbrechung von Gewalt einbezieht.

Übertragen auf Konfliktsituationen bedeutet dies, dass die unterschiedlichen Motive sowie die Folgen für alle beteiligten Gruppen berücksichtigt werden müssen. Auf die gleiche Weise wird auch bei der Mediation mit den verschiedenen Konfliktparteien gearbeitet.

Käßmann, Margot: Plädoyer für eine Prima ratio, in: Käßmann, Margot/Wecker, Konstantin (Hg.): Entrüstet euch! Warum Pazifismus für uns das Gebot der Stunde bleibt, Gütersloh [3]2015, S. 98–99 © Gütersloher Verlagshaus, in der Verlagsgruppe Random House

Aufgaben zu den Materialien B 1/M 1–B 1/M 6

- Lest die Geschichte von Kain und Abel (1. Mose 4,1-16). Zeichnet Denkblasen und schreibt hinein, was Kain denken könnte, als er weniger erfolgreich ist als sein Bruder Abel.
- Schreibt die letzte mögliche Stelle heraus, an der die Geschichte von Kain und Abel doch noch einen anderen Verlauf hätte nehmen können. Nehmt diese Stelle als Beginn für eine eigene Fortsetzung und schreibt eure Geschichte auf.
- Ist die Bibel ein Buch der Gewalt? Lest Josua 8 und formuliert eine knappe Inhaltsangabe. Vergleicht Josua 8 dann mit 5. Mose 20 und mit 5. Mose 5,16-19. Haltet die Unterschiede, die ihr zwischen Josua 8 und 5. Mose herausgefunden habt, schriftlich fest.
- Erzählt euch mit eigenen Worten, was der Prophet Micha im Namen Gottes für das Ende der Tage verspricht (B 1/M 4). Zeigt auf, was mit der Formulierung »am Ende der Tage« gemeint ist und gebt dem Prophetenwort eine treffende Überschrift.
- Welche Sprachbilder würde Micha vielleicht heute wählen, um zu beschreiben, was Frieden ist? – Formuliert einen Text oder entwerft ein Plakat.
- Schreibt ein Infoblatt für den Kirchenraum, auf dem ihr Besuchern erklärt, warum die Kirchengemeinde das Banner »Schwerter zu Pflugscharen« an der Kirchenwand aufgehängt hat (B 1/M 3).
- Kennen wir nur die beiden Wege, selbst Gewalt auszuüben oder aber Gewalt einzustecken? Lest dazu das Gedicht »Der dritte Weg« (B 1/M 5). Haltet seine Kernaussage schriftlich fest und formuliert dazu eine eigene Meinung.
- Vergleicht die Aussage des Gedichts B 1/M 5 mit der Aussage von B 1/M 6. Sucht in den Evangelien Beispielgeschichten für den dritten Weg Jesu. Illustriert das Gedicht mit kleinen Bildern zu diesen Geschichten.
- Skizziert an einem Konflikt eurer Wahl, wie ein »dritter Weg« aussehen könnte.

B 2/M 1 Interview mit Horst-Eberhard Richter über seine Erfahrungen mit Krieg

Interview mit dem Psychoanalytiker Horst-Eberhard Richter über seine verlorene Jugend in der Nazi-Zeit und das Urerlebnis des Krieges (gekürzt)

Von Beate Lakotta und Katja Thimm

Horst-Eberhard Richter war 30 Jahre lang Direktor der Psychosomatischen Universitätsklinik in Gießen. Er war viele Jahre in der Friedensbewegung, z. B. in der IPPNW [Internationale Ärzte für die Verhütung des Atomkrieges/Ärzte in sozialer Verantwortung], engagiert.

SPIEGEL: Ihr neues Buch beschäftigt sich mit Männlichkeit; sie befinde sich in der Krise, lautet Ihre Diagnose. [...] Sie beschreiben Geschichte auch als Abfolge von Kriegen, die von Männern geführt werden. Betrachtet man Krieg als Versagen der Zivilisation, dann befindet sich die Kultur der Männlichkeit schon seit Jahrtausenden in der Dauerkrise. Einen besonderen Tiefpunkt haben Sie in Ihrer Jugend selbst miterlebt. Damals hieß es: »Flink wie Windhunde, zäh wie Leder, hart wie Krupp-Stahl.« [...] Wie sah damals Ihre Vorstellung von Männlichkeit aus?

Richter: Mit 13 wurde ich Pimpf. Fünf Jahre später, im Spätwinter '42, kam ich nach Russland, leichte Artillerie. Zuerst waren wir in Ruhestellung, in einem Dorf bei Moskau. Alles mit Schnee bedeckt, wir Soldaten in den Blockhütten im Dorf verteilt. Die russische Familie, bei der ich mit einem Kameraden nächtigte, hatte nur einen Raum. Sie hatten zwei kleine Kinder, und von der Decke hing eine Wiege mit einem Säugling. Die Oma hat das Kind geschaukelt und gesungen. Wir waren Eindringlinge, Feinde. Wir hatten die überfallen, und die waren völlig ratlos; zumal sie kein Radio hatten. Sie hatten so offene Augen und waren so ungeschützt in ihren Gefühlen; auch zu uns waren sie so liebenswürdig. Da sagte ich zu meinem Kameraden: Guck dir die an, und guck dir uns an: Schämst du dich nicht?

SPIEGEL: Solche Gefühle konnte man sich in der Schlacht nicht leisten.

Richter: Ja, dort hielt man es nur aus, indem man sich total verbarg. Ich habe meine innere Welt bewahren können mit meinen Reclam-Bändchen, jeden Tag ein paar Minuten, vor allem Romantisches; Hölderlin. Nur so konnte ich mich gegen die tägliche Erfahrung von Verrohung schützen. Als Rekruten hatten wir gelernt, das Gehirn abzuschalten, wenn wir etwa beim Robben durch den Schnee unter der Gasmaske singen mussten. Wir hatten das Gefühl, ein vergessener Haufen zu sein, Schütze Arsch, ein wahres Nichts. [...]

SPIEGEL: Sie haben auch selbst getötet.

Richter: Ja, auch wenn ich nicht sehen konnte, wen wir töteten. Als Richtkanonier stand ich hinter der Haubitze, und wir schossen meist sieben, acht Kilometer weit. Aber wenn wir vorrückten, lagen da auch tote Frauen und Kinder. Dann dachte ich immer an die Familie in der Blockhütte.

SPIEGEL: Haben Sie sich schuldig gefühlt?

Richter: Ich hatte schon die Vorstellung, dass wir für diesen Krieg später furchtbar bestraft werden würden. Aber ich sah keine Chance zum Entrinnen. Was ich heute wieder erlebe, dass um einen herum Leute im gleichen Lebensalter sterben, geschah damals täglich. Aus dem Krieg kam ich zurück wie ein Greis, psychisch vorgealtert. Dabei war ich eigentlich noch ein Junge.

SPIEGEL: Wie war das Wiedersehen mit Ihren Eltern?

Richter: Das belastet mich bis heute: Ich hatte sie gedrängt, bis zum Kriegsende aufs Land zu gehen. Im Sommer '45 haben sie dort einen Spaziergang gemacht. Betrunkene Russen stürzten sich auf meine Mutter. Mein Vater hat sie verteidigt, sie hat sich gewehrt. Die Russen haben beide erstochen. In dem Haus in Berlin aber hatten alle überlebt. Ich war also schuld. Und ich war mutterseelenallein – Trümmer innerlich, Trümmer in Berlin. Aber ich hatte das Gefühl: Es steht dir nicht zu, zu klagen. Schließlich waren wir verantwortlich für diesen Krieg.

SPIEGEL: Die Unfähigkeit zu leiden, sagen Sie, sei Teil der Krise, die Sie beschreiben. Warum?

Richter: Uns war zwölf Jahre lang gelehrt worden: Es gibt nur siegen oder heroisch sterben. Heute leben wir in einerDemokratie, aber die Diskriminierung des Leidens hat sich erhalten. Es gilt nach wie vor als unmännlich. In unserer Konkurrenzgesellschaft gilt Verlieren als Schande; und die Verlierer hassen sich für ihr Scheitern. Es ist wie ein kulturelles Gebot, zu verleugnen, dass unsere Existenz das Tragen von Schmerz, Verlusten und Niederlagen notwendig macht. Wir sind jederzeit zerbrechliche Wesen. Leiden ist eine Grundfarbe unseres Lebens.

SPIEGEL: Der Mensch neigt dazu, sie zu übertünchen. Denn sie macht Angst.

Richter: … und wer Angst hat, sehnt sich nach Erlösung daraus. Nur ist seit der Aufklärung unsere Glaubens- und Gottesgewissheit geschwunden. Wir wollen mündig sein, wir brauchen keinen Trost, keine Gnade und Erlösung mehr von oben […]. Der Haken ist nur: Selbst wenn wir den Weltraum militarisieren – wir sind nicht allmächtig.

SPIEGEL: Predigen Sie jetzt die Rückkehr zur Religion?

Richter: Predigen ist nichts für Psychoanalytiker. Sie können nur zu verstehen helfen, dass die Welt friedloser wird, wenn wir das Vertrauen verlieren, dass im Menschen Mitmenschlichkeit und Versöhnlichkeit angelegt sind. Die Welt wird friedloser, wenn Menschen sich auf die erpresserische Übermacht von Waffen mehr verlassen als darauf, ihr Zusammenleben auf Gleichheit, Ebenbürtigkeit und Gerechtigkeit zu gründen. Das zeigt sich immer wieder.

SPIEGEL: An welches Beispiel denken Sie?

Richter: Der 11. September hat bewiesen, dass Unverletzbarkeit eine Utopie ist. Doch Präsident Bush reagierte wie im Sandkasten: Jetzt machen wir Krieg, siegen und vernichten das Böse. Das Resultat war: Der Terrorismus wurde bedrohlicher als je zuvor. Militärische Gewalt hat die Zahl selbstmordbereiter Fundamentalisten vervielfacht.

SPIEGEL: Ihr Vorschlag zur Lösung des Terrorismusproblems ist, den Machtlosen die Hand zu reichen. Das klingt naiv, eine schöne Gutmenschen-Theorie.

Richter: Als die Palästinenser nach den Vereinbarungen von Oslo 1993 einen lebensfähigen Staat greifbar nahe sahen, gab es drei Jahre lang fast keine Intifada. […] Es wird nie eine Sicherheit gegeneinander, sondern nur miteinander geben.

DER SPIEGEL 40/2006, S. 150–154,
online unter: www.spiegel.de/spiegel/print/d-49067611.html
© SPIEGELnet GmbH

B 2/M 2 Vorstellungen vom Frieden in der Bibel – heute noch aktuell?

1. Lass dich nicht vom Bösen überwinden, sondern überwinde das Böse mit Gutem. (Römer 12,21)
2. Jesus spricht: Ihr sollt euch untereinander genauso lieben, wie ich euch geliebt habe. (Johannes 13,34)
3. Bald wohnt Gottes Herrlichkeit wieder in unserem Land. Dann kommen Güte und Treue zusammen. Gerechtigkeit und Frieden küssen einander. (Psalm 85,9–11)
4. Der Gerechtigkeit Frucht wird Friede sein. (Jesaja 32,17)
5. Wo Liebe und Treue herrschen, da bewirken sie Frieden und Wohlstand, Ruhe und Sicherheit. (Jesaja 32,17)
6. Berge mögen von ihrer Stelle weichen und Hügel wanken, aber meine Liebe zu dir kann durch nichts erschüttert werden und meine Friedenszusage wird niemals hinfällig. Das sage ich, Gott, der dich liebt. (Jesaja 54,10)
7. Das Reich Gottes ist nicht Essen und Trinken, sondern Gerechtigkeit und Friede und Freude in dem heiligen Geist. (Römer 14,17)
8. Gott ist nicht ein Gott der Unordnung, sondern des Friedens. (1. Korinther 14,33)
9. Freuen dürfen sich alle, die Frieden schaffen, denn sie werden Gottes Kinder sein. (Matthäus 5,9)
10. Freuen dürfen sich alle, die keine Gewalt anwenden, denn Gott wird ihnen die Erde zum Besitz geben. (Matthäus 5,5)
11. Kehrt euch vom Bösen ab und tut das Gute! Müht euch mit ganzer Kraft darum, dass ihr mit allen Menschen Frieden haltet! (Psalm 34,15)
12. Stecke dein Schwert zurück an seinen Ort! Denn wer das Schwert nimmt, der soll durch das Schwert umkommen. (Matthäus 26,52)
13. Am Ort des Friedens wird mein Volk leben, in sicheren Wohnungen, an ruhigen, sorgenfreien Plätzen. So spricht Gott. (Jesaja 32,18)
14. Die Saat der Weisheit geht nur bei denen auf, die Frieden suchen, und dort bringt sie Frucht. (Jakobus 3,18.)

B 2/M 3 »Frieden« im Alten Testament

Das Wort »Schalom« hat im Alten Testament eine hohe Bedeutung. Es ist das hebräische Wort für »Frieden« und kommt dort mehr als 400 Mal vor.

Schalom bedeutet so viel wie »heil sein«, »vollständig sein«, »unbeschädigt sein«.

Die Bibel erzählt davon, dass der Mensch in guten Beziehungen leben muss, um heil sein zu können:
- in intakten Beziehungen zu seinen Mitmenschen,
- in intakten Beziehung zu seinen Mitgeschöpfen,
- in einer intakten Beziehung zu Gott.

Zu einer guten Beziehung gehört auch die Gerechtigkeit. Frieden ohne Gerechtigkeit kann es nach biblischer Vorstellung nicht geben.

B2/M4 Was tut ein Friedensbeauftragter der Kirche?

Der Friedensbeauftragte der Evangelischen Kirche Deutschlands (EKD), Pastor Renke Brahms, hebt die Bedeutung der Kirche für christliche Friedensarbeit hervor:
»Frieden, Gerechtigkeit und Bewahrung der Schöpfung sind und bleiben die drängenden Probleme der Zeit. Die Kirche muss mutig vorangehen, muss prophetisch und konsequent sein – so verstehen wir Leben, Lehre und die Friedensbotschaft Jesu.«

(Deutsches Pfarrerblatt – Heft: 5/2012, © Verband Evangelischer Pfarrerinnen und Pfarrer in Deutschland e. V.)

Informationen zum Friedensbeauftragten der Evangelischen Kirche:
Pastor Renke Brahms ist seit dem 1. Oktober 2008 erster Friedensbeauftragter der Evangelischen Kirche in Deutschland (EKD). Er soll sich dafür einsetzen, die Überzeugungen, für die die Friedensdenkschrift der EKD »Aus Gottes Frieden leben – für gerechten Frieden sorgen« eintritt, bekannt zu machen und mit dafür zu sorgen, dass ihre Ziele umgesetzt werden. Herr Brahms arbeitet eng zusammen mit der Arbeitsgemeinschaft Dienst für den Frieden (AGDF) und mit der Evangelischen Arbeitsgemeinschaft für Kriegsdienstverweigerung und Frieden (EAK). Als Friedensbeauftragter nimmt er Stellung zu aktuellen Themen und Konflikten.

Mehr zu den Aufgaben und Aktivitäten des Friedensbeauftragten findet ihr unter:

www.ekd.de/friedensbeauftragter/texte_und_konzepte.html

Aber was ist das eigentlich, der Frieden?
Schaut euch dazu den Videoclip »Der Frieden« mit Renke Brahms auf der Webseite der EKD an:

www.ekd.de/glauben/e-wie-evangelisch/e_frieden.html

B2/M5 Eine Organisation, die Frieden stiftet

pax christi
menschen machen frieden – mach mit.
Unser Name ist Programm: der Friede Christi.

pax christi ist eine ökumenische Friedensbewegung in der katholischen Kirche. Sie verbindet Gebet und Aktion und arbeitet in der Tradition der Friedenslehre des II. Vatikanischen Konzils.

Der pax christi Deutsche Sektion e. V. ist Mitglied des weltweiten Friedensnetzes Pax Christi International.

Entstanden ist die pax christi-Bewegung am Ende des Zweiten Weltkrieges, als französische Christinnen und Christen ihren deutschen Schwestern und Brüdern zur Versöhnung die Hand reichten.

www.paxchristi.de
© Internationale katholische Friedensbewegung pax christi

B 2/M 6 Friedenslieder, die von Christen gesungen werden

Gib Frieden, Herr, gib Frieden

Gib Frieden, Herr, gib Frieden,
die Welt nimmt schlimmen Lauf.
Recht wird durch Macht entschieden,
wer lügt, liegt oben auf.
Das Unrecht geht im Schwange,
wer stark ist, der gewinnt.
Wir rufen: Herr wie lange?/Hilf uns, die friedlos sind.

Jürgen Henkys, Ev. Gesangbuch, Ausgabe für die Evangelisch-lutherische Landeskirche Mecklenburgs, Nr. 430

Komm in unsre stolze Welt

Komm in unsre stolze Welt,
Gott mit deiner Liebe werben.
Überwinde Macht und Geld,
lass die Völker nicht verderben.
Wende Hass und Feindessinn
auf den Weg des Friedens hin.

Hans von Lehndorf, Ev. Gesangbuch, Ausgabe für die Evangelisch-lutherische Landeskirche Mecklenburgs, Nr. 428

Bewahre uns Gott

Bewahre uns Gott,
behüte uns Gott,
sei mit uns vor allem Bösen.
Sei Hilfe, sei Kraft,
die Frieden schafft,
sei in uns, uns zu erlösen.

Eugen Eckert, Ev. Gesangbuch, Ausgabe für die Evangelisch-lutherische Landeskirche Mecklenburgs, Nr. 171 und Kath. Gebetbuch Gotteslob Nr. 453, mit ö (Ökumene) gekennzeichnet © Wichern-Verlag GmbH

Aufgaben zu den Materialien B2/M1–B2/M6

- Warum fällt es dem Menschen so schwer, Frieden zu halten? Lest dazu das Interview mit Horst-Eberhard Richter (B2/M1). Klärt ggf., was ihr nicht versteht. Zeichnet dann den Umriss eines Menschen auf ein großes Blatt (Format A3) und schreibt Haltungen hinein, die, so Richter, ein friedensfähiger Mensch braucht.
- Wie wird vom Frieden in der Bibel gesprochen? Markiert dazu alle Wörter in B2/M2 rot, die den Frieden genauer und näher beschreiben. Schreibt sie außen um den Umriss des Menschen und sammelt dazu Beispiele. Markiert in B2/M2 friedensförderliche Haltungen und Handlungen grün. Gestaltet eurer A3-Blatt, indem ihr auch diese Wörter und Beispiele an passender Stelle hinzufügt.
- Vergleicht, ob die Aussagen in B2/M3 mit euren bisherigen Ergebnissen übereinstimmen. Lest die Erzählungen 1. Mose 1–2,4a und 1. Mose 2,4b–25.[1] Fasst mit eigenen Worten zusammen, wie die Beziehungen der Lebewesen zueinander und zu Gott beschrieben werden. Vergleicht sie mit dem Text »Frieden im Alten Testament« (B2/M3) und haltet eure Ergebnisse schriftlich fest.
- Die Bergpredigt Jesu hat als »Friedensrede« auf der ganzen Welt Verbreitung gefunden. Lest daraus folgende Teile: Mt 5,1–2; Mt 5,21–26; Mt 5,43–48 und Mt 6,5–15. Fasst die wichtigsten Aussagen zusammen und diskutiert, welche zur Arbeit für den Frieden ermutigen.
- Recherchiert über Arbeitsfelder und Aktionen des Friedensbeauftragten (B2/M4). Zeigt auf, ob in diese Arbeit Gedanken der Bergpredigt eingeflossen sind (Mt 5,1–2; Mt 5,21–26; Mt 5,43–48 und Mt 6,5–15). Schaut euch den Videoclip »Der Frieden« an. Vergleicht, was dort über den Frieden gesagt wird, mit B2/M1, B2/M2 und B2/M3. Haltet auch diese Ergebnisse auf dem A3-Blatt fest.
- Recherchiert über Arbeitsfelder und Aktionen der internationalen katholischen Friedensbewegung pax christi (B2/M5) und zeigt auf, ob in diese Arbeit Gedanken der Bergpredigt eingeflossen sind (Mt 5,1–2; Mt 5,21–26; Mt 5,43–48 und Mt 6,5–15).
- Bereitet eine musikalische Präsentation mit einer Einführung in die Lieder (B2/M6) vor. Formuliert dazu mit eigenen Worten, was sie über den Frieden sagen. Die Noten findet ihr im Gesangbuch.
- Stellt dar, was ihr über »Frieden in der Bibel« herausgefunden habt. Ihr könnt z. B. eine Rollenbiografie schreiben, in der der Frieden sich selbst vorstellt: seine Herkunft, seine Erscheinung, seine Ansichten, Gedanken und Gefühle, z. B. zu Entwicklungen in unserer Gesellschaft oder in der Welt. Beginnt so: »Mein Name ist Frieden …«

1 Für die selbstständige Bibellektüre eignet sich z. B. Oberthür, Rainer: Die Bibel für Kinder und alle im Haus, München [2]2004.

B3/M1 Auf einem Soldatenfriedhof

Soldatenfriedhof in der französischen Normandie, Fotos der Autorin

B 3/M 2 Friedenssymbole

© Kaz

© ClkerFreeVectorImages

B3/M3 Noach und der Regenbogen – Gott schließt einen Bund mit den Menschen

Du kannst diese Geschichte besser verstehen, wenn du weißt, dass sie zu einer Zeit entstanden ist, als es in anderen Religionen bereits viele Sintflutgeschichten gab. In diesen Religionen glaubte man aber an viele Götter und Göttinnen und erzählte die Geschichte so, dass ein Kampf zwischen den verschiedenen Göttern stattfand, zwischen den Friedens- und den Kriegsgöttern. Das Volk Israel aber glaubt an den einzigen Gott Jahwe. Deshalb erzählen die Israeliten die Geschichte so, dass in Gottes Seele ein innerer Streit stattfindet: Gott ist gerecht und kann die Bosheit der Menschen nicht ertragen – Gott ist barmherzig und kann seine Menschen nicht im Stich lassen. […]

Noch etwas solltest du vorher wissen: Auch im Volk Israel gab es zwei Sintflutgeschichten. Die ältere Fassung kommt von denselben Erzählern, die von Adam und Eva erzählt haben. Man erkennt sie immer leicht, weil Gott bei ihnen Jahwe heißt. Die jüngere Fassung ist von den Erzählern der Erschaffung der Welt in sieben Tagen. Diese Erzähler waren Priester.

Wieder wurden beide Geschichten weitererzählt, aber nicht hintereinander wie bei den Schöpfungserzählungen. Sie wurden wie zwei Erzählfäden miteinander verknüpft, sodass vieles zweimal erzählt wird. Deshalb ist der Text so lang, dass ich ihn kürzen musste. Ich habe die Erzählfäden wieder entflochten. Die ältere Version »J« (wegen Jahwe) ist kursiv gedruckt – die jüngere Version »P« (wegen Priester) in gerader Schrift. Ihr werdet sehen: Vieles ergänzt sich, vieles widerspricht sich. Wer das nicht weiß, wundert sich über die Widersprüche – du weißt nun Bescheid!

Jahwe sah, dass die Bosheit unter den Menschen auf der Erde mehr und mehr zunahm. Jahwe bereute, den Menschen auf der Erde gemacht zu haben. Es bekümmerte Jahwe bis ins Herz hinein. Und Jahwe sprach: Vom Erdboden auslöschen will ich den Menschen, das Vieh, die Kriechtiere und die Vögel des Himmels. Nur Noach fand Gnade in den Augen Jahwes.

Noach war ein Gerechter in seiner Zeit, denn er ging seinen Weg mit Gott. Er hatte drei Söhne: Sem, Ham und Jafet. Die Erde aber war verdorben in den Augen Gottes und voller Gewalt. Und Gott sprach zu Noach: Das Ende aller Lebewesen ist da. Baue dir eine Arche! Und Gott beschrieb genau, wie dieser Kasten aus Holz aussehen sollte. Und Gott sprach: Eine Wasserflut wird kommen, die alles Leben auf der Erde vernichtet. Mit dir aber will ich meinen Bund schließen und einen neuen Anfang machen. Geh in die Arche, mit deinen Söhnen, deiner Frau und den Frauen deiner Söhne. Von allem was lebt, führe je zwei in die Arche, damit sie am Leben bleiben. Je ein Männchen und ein Weibchen sollen es sein. Auch lege dir einen Vorrat an, der euch als Nahrung dient. Und Noach tat alles so, wie Gott es ihm geboten hatte.

Darauf sprach Jahwe zu Noach: Geh mit allen in die Arche, denn du bist vor mir gerecht. Nimm von allen Tieren je sieben Paare mit, ein Weibchen und ein Männchen, um Nachwuchs auf der ganzen Erde am Leben zu erhalten. Denn in sieben Tagen wird es vierzig Tage und vierzig Nächte regnen. Und Noach tat alles, was ihm Jahwe geboten hatte. Noach ging mit allen in die Arche und nach sieben Tagen kam das Wasser der Flut auf die Erde.

Es wird erzählt, das war im sechshundertsten Lebensjahr Noachs, am siebzehnten Tag des zweiten Monats. Alle Quellen der gewaltigen Urflut brachen auf, die Fenster des Himmels öffneten sich.

Der Regen fiel auf die Erde vierzig Tage und vierzig Nächte lang.

An diesem Tag ging Noach in die Arche mit allen Lebewesen und Jahwe schloss hinter ihm zu.

Und die Flut kam vierzig Tage und die Wasser wuchsen und hoben die Arche immer höher.

Die Wasser schwollen an und nahmen immer mehr zu und bedeckten alle hohen Berge. Da starben alle Lebewesen, Vögel, Vieh, Kleingetier und alle Menschen.

Alles starb, was auf der Erde den Geist des Lebens atmete. Nur Noach und was mit ihm in der Arche war, blieb übrig.

Und die Wasser stiegen an auf Erden hundertfünfzig Tage lang. Da dachte Gott an Noach und an alle Tiere in der Arche. Gott ließ einen Wind über die Erde wehen, da sank das Wasser. Und die Quellen der Urflut und die Fenster des Himmels schlossen sich. So nahmen die Wasser ab nach hundertfünfzig Tagen. Am siebzehnten Tag des siebten Monats setzte die Arche im Gebirge Ararat auf. Die Wasser nahmen ab und am ersten Tag des zehnten Monats wurden die nächsten Berggipfel sichtbar.

Und es geschah nach vierzig Tagen, da öffnete Noach das Fenster der Arche. Er ließ zuerst einen Raben, dann eine Taube hinaus. Die Taube fand jedoch keinen Boden unter den Füßen und kehrte zurück. Noach streckte seine Hand aus und nahm die Taube wieder zu sich. Nach weiteren sieben Tagen ließ er sie wieder hinaus und am Abend kam sie zurück und siehe: In ihrem Schnabel hatte sie einen frischen Ölzweig. Es war nicht mehr viel Wasser auf der Erde. Nach weiteren sieben Tag flog sie ein drittes Mal aus und sie kam nicht wieder.

Und es geschah im sechshundertsten Lebensjahr Noachs,* am ersten Tag des ersten Monats, da hatte sich das Wasser verlaufen.

Da entfernte Noach das Dach der Arche, blickte hinaus und siehe: Die Erdoberfläche war trocken.

Am siebenundzwanzigsten Tag des zweiten Monats war die Erde trocken. Da sprach Gott: Geht hinaus aus der Arche, du, deine Frau, deine Söhne, die Frauen deiner Söhne und alle Tiere, die bei dir sind. Sie sollen sich tummeln auf der Erde. Sie sollen fruchtbar sein und sich vermehren auf der Erde. Da kamen Noach und seine Familie heraus und auch die Tiere nach Arten geordnet.

Und Noach baute Jahwe einen Altar und brachte Gott zum Dank Brandopfer dar. Jahwe roch den beruhigenden Duft und sprach in seinem Herzen: Der Erde soll eine solche Flut nicht noch einmal wegen des Menschen passieren, selbst wenn der Mensch von jung an böse ist. Nicht noch einmal soll alles Lebendige getötet werden, wie ich es geschehen ließ. So lange die Erde besteht, sollen nicht aufhören Aussaat und Ernte, Kälte und Hitze, Sommer und Winter, Tag und Nacht.

Dann segnete Gott die Menschen und sprach zu ihnen: Als Abbild Gottes ist der Mensch gemacht. Seid fruchtbar, vermehrt euch und bevölkert die Erde. Hiermit schließe ich meinen Bund mit euch und mit euren Nachkommen und mit allen Lebewesen bei euch. Nie wieder sollen alle Wesen aus Fleisch vom Wasser der Flut ausgerottet werden, nie wieder soll eine Flut kommen und die Erde verderben. Das ist das Zeichen des Bundes, den ich stifte zwischen mir und euch und den lebendigen Wesen bei euch für alle kommenden Generationen. Meinen Bogen setze ich in die Wolken, er soll das Bundeszeichen sein zwischen mir und der Erde. Balle ich Wolken über der Erde zusammen und erscheint der Regenbogen in den Wolken, denke ich an den ewigen Bund zwischen mir und euch.

*Dass Noach in dieser Geschichte sechshundert Jahre alt ist, kann bedeuten: Es geht nicht um einen bestimmten Menschen, der einmal gelebt hat, sondern um gerechte Menschen allgemein, die bei Gott Gefallen finden.

Oberthür, Rainer: Die Bibel für Kinder und alle im Haus, Erzählt und erschlossen von Rainer Oberthür. Mit Bildern der Kunst ausgewählt und gedeutet von Rita Burrichter, München ²2004, S. 37–43 © Kösel, in der Verlagsgruppe Random House

Aufgaben zu den Materialien B3/M1–B3/M3

- Betrachtet die beiden Bilder B3/M1 still und tauscht euch dann darüber aus, welche Gedanken und Gefühle die beiden Fotos bei euch auslösen.
- Auf dem zweiten Bild seht ihr außer den Kreuzen eine Stele mit einem Davidstern. Kreuz und Davidstern sind Symbole, die häufig auf Grabmalen verwendet werden. Sprecht über ihre Bedeutung und recherchiert zusätzliche Informationen.
- Entwerft zu B3/M2 ein kurzes Infoblatt, auf dem ihr erklärt, warum Christen die Taube zum Symbol für die Friedensarbeit gewählt haben.
- Entwerft zu B3/M2 ein kurzes Infoblatt, auf dem ihr erklärt, warum der Regenbogen von Christen als Symbol für die Friedensarbeit verwendet wird.
- Malt ein Friedenssymbol, das ihr überzeugend findet. Stellt es vor und erklärt, warum ihr dieses Symbol gewählt habt.
- Auch christliche Friedensgruppen verwenden Symbole. Warum sie häufig die Taube oder den Regenbogen in ihrem Logo haben, erfahrt ihr, wenn ihr die Geschichte B3/M3 lest. Markiert wichtige Stellen, erzählt euch die Geschichte und fertigt eine Skizze an, auf der ihr die Handlung darstellt und kommentiert.

B4/M1 Das Nagelkreuz von Coventry

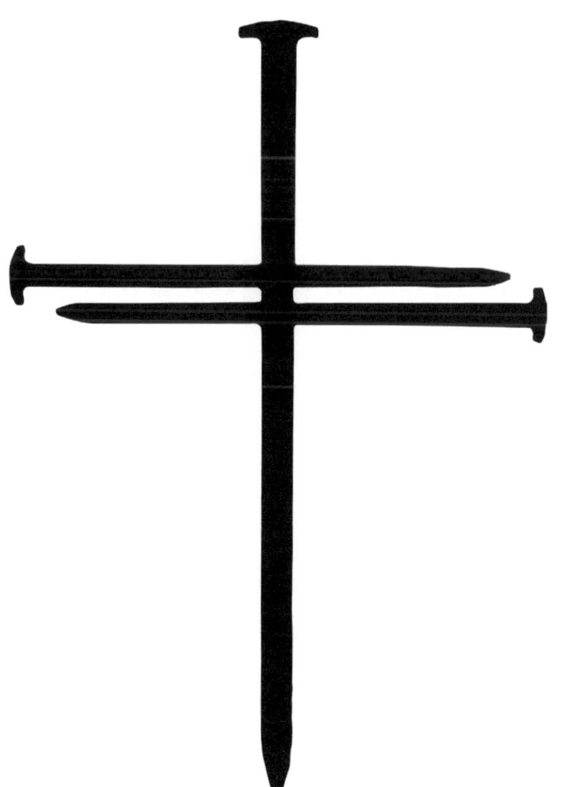

© Nagelkreuzgemeinschaft in Deutschland e. V.

Am 14. November 1940 flog die deutsche Luftwaffe einen schweren Angriff auf die englische Stadt Coventry, bei dem 550 Menschen starben. Große Teile der Innenstadt, Industrieanlagen und die Kathedrale St. Michael wurden zerstört. Der damalige Dompropst Richard Howard ließ bei den Aufräumarbeiten drei große Zimmermannsnägel aus dem Dachstuhl der zerstörten Kathedrale zu einem Kreuz zusammenfügen.

Inzwischen ist das Nagelkreuz weltweit zu einem Zeichen des Friedens und der Versöhnung geworden.

nagelkreuz.org/nkg-international/geschichte
© Nagelkreuzgemeinschaft in Deutschland e. V.

B4/M2 Das Versöhnungsgebet von Coventry

Im Jahre 1959 wurde das Versöhnungsgebet von Coventry formuliert. Es wird seitdem an jedem Freitagmittag um 12.00 Uhr im Chorraum der Ruine der alten Kathedrale in der Stadt Coventry gebetet:

Alle haben gesündigt und ermangeln des Ruhmes, den sie bei Gott haben sollten. (Römer 3, 23)

Den Hass, der Rasse von Rasse trennt, Volk von Volk, Klasse von Klasse,

Vater, vergib.

Das Streben der Menschen und Völker zu besitzen, was nicht ihr Eigen ist,

Vater, vergib.

Die Besitzgier, die die Arbeit der Menschen ausnutzt und die Erde verwüstet,

Vater, vergib.

Unseren Neid auf das Wohlergehen und Glück der Anderen,

Vater, vergib.

Unsere mangelnde Teilnahme an der Not der Gefangenen, Heimatlosen und Flüchtlinge,

Vater, vergib.

Die Gier, die Frauen, Männer und Kinder entwürdigt und an Leib und Seele missbraucht,

Vater, vergib.

Den Hochmut, der uns verleitet, auf uns selbst zu vertrauen und nicht auf Gott,

Vater, vergib.

Seid untereinander freundlich, herzlich und vergebet einer dem anderen, wie Gott euch vergeben hat in Jesus Christus. (Epheser 4, 32)

http://nagelkreuz.org/versoehnung/versoehnungsgebet

B4/M3 Christliche Organisationen, die sich für den Frieden einsetzen:

- Ökumenische Friedensdekade: www.friedensdekade.de
- Stiftung Weltethos: www.weltethos.org
- pax christi – internationale katholische Friedensbewegung: www.paxchristi.de
- Antikriegshaus Sievershausen: www.antikriegshaus.de → Klaus Rauterberg
- Aktion Sühnezeichen: www.asf.de
- Aktionsgemeinschaft Dienst fur den Frieden: www.friedensdienst.de
- Eirene: www.eirene.org
- Internationaler Versöhnungsbund: www.versoehnungsbund.de → Über uns
- Quäker: quaeker.org → Glaube und Wirken; Ökumene und Friedenskirchen
- Mennoniten: www.meno-friedenszentrum.de

B4/M4 Das Friedensgebet des Franz von Assisi

© Rudolph Buch

Gott,
mach mich zu einem Werkzeug deines Friedens;
dass ich liebe, wo man hasst;
dass ich verzeihe, wo man beleidigt;
dass ich verbinde, wo Streit ist;
dass ich Glauben bringe, wo Zweifel droht;
dass ich die Wahrheit sage, wo Irrtum ist;
dass ich Hoffnung wecke, wo Verzweiflung quält;
dass ich Freude bringe, wo Traurigkeit wohnt;
dass ich Licht entzünde, wo Finsternis regiert.

Gott,
lass mich trachten,
dass ich mehr tröste, als dass ich getröstet werde;
dass ich mehr verstehe, als dass ich verstanden werde;
dass ich mehr liebe, als dass ich geliebt werde.
Denn wer gibt, der empfängt;
wer verzeiht, dem wird verziehen;
und wer stirbt, der erwacht zum ewigen Leben.

Aufgaben zu den Materialien B4/M1–B4/M4

- Zeichnet ein Nagelkreuz. Schreibt einen informierenden Text unter das Kreuz. Findet zusätzlich heraus, wo es Nagelkreuzgemeinschaften in Deutschland gibt und für welche Ziele sie sich einsetzen. Recherchiert unter: nagelkreuz.org/wp-content/uploads/2014/04/deutsch.pdf.
- Stellt die Leitgedanken einer Friedensorganisation eurer Wahl dar und zeigt an einem Beispiel, wie sie für den Frieden arbeitet.
- Setzt die Arbeit eurer Friedensorganisation zu dem Versöhnungsgebet von Coventry in Beziehung. Gebt Gemeinsamkeiten wieder, die ihr entdeckt habt.
- Erklärt mithilfe des Friedensgebetes des Franz von Assisi, wie Christen sich für den Frieden einsetzen können und zeigt dies an Beispielen auf.
- Erklärt, warum Menschen sich mit ihren Friedensbitten an Gott wenden.
- Formuliert ein eigenes Friedensgebet.

B 5/M 1 Skulptur »Non Violence«

Skulptur »Non Violence« von Carl Fredrik Reuterswärd, vor dem Hauptquartier der Vereinten Nationen in New York © panthermedia.net/hofkay

B 5/M 2 Für Farbige nicht erlaubt – eine Szene aus dem Film *Gandhi*

In dieser Szene, die 1893 in Südafrika spielt, geht es um Rassendiskriminierung: Weiße verbieten Farbigen, den Bürgersteig zu benutzen.

Mahatma Gandhi in den frühen 1940er Jahren

Gandhi und Charles Andrews, ein anglikanischer Pfarrer, begegnen sich zum ersten Mal auf der Straße eines südafrikanischen Dorfes. Andrews hat schon viel über Gandhi gelesen und ist aus Indien angereist, um beim Kampf gegen die Apartheid[1] zu helfen. Gandhi erzählt, er sei anfangs verwundert gewesen, dass Menschen ihn in seinem Kampf um eine gerechte Sache unterstützen wollten, obwohl dies gefährlich sei. Dabei geraten drei weiße Jugendliche in den Blick, die in der Nähe auf dem Bürgersteig stehen.

Als die Jugendlichen sehen, dass ein weißer Pfarrer mit einem Farbigen unterwegs ist, machen sie sich darüber lustig. Andrews ist verunsichert und bleibt stehen. Doch Gandhi geht unbeeindruckt weiter mit den Worten: »Sagt das Neue Testament nicht, so dir jemand einen Streich gibt auf den rechten Backen, dem biete auch den andern dar?«

Andrews, der sichtlich verängstigt ist, will dem drohenden Konflikt ausweichen: Dieses Bibelwort sei im übertragenen Sinne zu verstehen. Gandhi hält dagegen, er sei davon überzeugt, dass Gott meint, der Mensch solle Mut zeigen. Er solle bereit sein, einen Schlag und vielleicht auch mehrere Schläge hinzunehmen, um zu zeigen, dass er nicht zurückschlagen und nicht weichen werde. Durch eine solche Haltung erreiche man, dass etwas in der menschlichen Natur freigelegt werde, das den Hass kleiner werden lasse. Dies führe schließlich dazu, dass der Angegriffene respektiert werde. Jesus habe das erkannt, und er, Gandhi, habe festgestellt, dass es funktioniert.

Gandhi und Andrew sind nun bei den Jugendlichen angelangt, die ihnen den Weg versperren. Gandhi blickt aufmerksam und grüßt höflich. Die Jugendlichen lachen dreist, spielen provokativ mit Steinen, die sie in ihren Händen halten, und beschimpfen Gandhi: »Geh vom Bürgersteig runter, mieser Nigger! Wird's bald, du Kaffer?«

Da hört man vom darüber liegenden Balkon die Stimme einer Frau. Sie ruft wütend ihren Sohn herbei und fragt, was er da mache. Der antwortet: »Wir sind gerade dabei, die Nachbarschaft vom Dreck zu reinigen.« Die Mutter befiehlt ihrem Sohn ärgerlich, sich endlich auf den Weg zur Arbeit zu machen. Doch der gesellt sich noch einmal zu seinen beiden Freunden und schaut Gandhi grimmig an. Gandhi sagt: »Sie werden erkennen, dass Platz für alle ist!« und blickt die Drei ruhig an. Dann bahnen er und Andrews sich einen Weg, der mitten zwischen den Jugendlichen hindurch führt. Die gucken den beiden hinterher und schlendern in die entgegengesetzte Richtung davon.

Zusammenfassung einer Szene aus dem Film *Gandhi* (Großbritannien/Indien 1982, Regie: Richard Attenborough, Laufzeit: 181 Min., Filmminuten dieser Szene: 00:16:38–00:18:48)

1 »Apartheid« bezeichnet die Politik der Unterdrückung einer farbigen Mehrheit durch eine weiße Minderheit. Ab 1910 wurde unter britischer Herrschaft die Rassendiskriminierung offizielle Regierungspolitik in Südafrika. Nach langen Jahren des Protestes und Widerstands wurde die Apartheid 1994 für beendet erklärt.

B5/M3 Plädoyer einer Theologin

Niemand weiß im Voraus, ob er oder sie in kritischen Situationen tatsächlich die Kraft haben wird, dem Gebrauch von Gewalt zu widerstehen. Darum ist auf der Seite der Befürworterinnen und Befürworter der Gewaltfreiheit große Demut nötig. Es steht Christinnen und Christen nicht an, jemanden zu verurteilen, der oder die zur Verteidigung der Menschenrechte, seines oder ihres Volkes, der Familie oder seiner oder ihrer selbst Gewalt gebraucht, um ihre Situation zu verändern oder um sie oder sich selbst zu verteidigen.

Jesus selbst wurde nach dem Gesetz eines Militärregimes gewaltsam getötet. Auch wenn die wenigen Stellen in Betracht gezogen werden, in denen Jesus selbst Gewalt zu rechtfertigen scheint, »muss man die ganzen evangelischen Berichte verdrehen und uminterpretieren, [...] wenn man aus Jesus einen Guerillakämpfer, einen Putschisten, einen politischen Agitator und Revolutionär und seine Botschaft vom Gottesreich zu einem politisch-sozialen Agitationsprogramm machen will.«

Jesus ruft offenkundig zu einer Friedensethik auf, zur Feindesliebe ebenso wie zur Nächstenliebe. Wenn es in Johannes 15,13 heißt; »Niemand hat größere Liebe als die, dass er sein Leben lässt für seine Freunde,« dann bezieht sich das auf die aufopferungsvolle Liebe, nicht auf das Töten eines anderen um eines Freundes willen. Jesus ermutigt uns zu dem Wagnis, den Weg der Gewaltfreiheit zu gehen.

Käßmann, Margot: Plädoyer für eine Prima ratio, in: Käßmann, Margot/Wecker, Konstantin (Hg.): Entrüstet euch! Warum Pazifismus für uns das Gebot der Stunde bleibt, Gütersloh [3]2015, S. 99–100 © Gütersloher Verlagshaus, in der Verlagsgruppe Random House

Aufgaben zu den Materialien B5/M1–B5/M3

- Beschreibt und deutet das Foto B5/M1. Formuliert Fragen, die es aufwirft.
- Schaut den Filmausschnitt aus *Gandhi* ab der 17. Minute an und wertet ihn aus. Bewertet Gandhis Verhalten mithilfe des Textauszugs (B5/M2).
- Betrachtet die PowerPoint-Präsentation »Streitkunst Gütekraft« (→ www.Martin-Arnold.eu → Forschung, Ergebnisse → Downloads) und formuliert ihre Kernaussage.
- Vergleicht die Aussage der Filmszene in B5/M2 mit der Aussage der PowerPoint-Präsentation und haltet eure Ergebnisse schriftlich fest.
- Diskutiert, welche Auffassungen aus der PowerPoint-Präsentation ihr teilt und welche ihr kritisch seht. Fasst eure Ergebnisse schriftlich zusammen.
- Recherchiert, wofür die Organisation gewaltfrei handeln e. V. (→ www. gewaltfreihandeln.org) sich einsetzt und setzt dies zu den Aussagen aus der PowerPoint-Präsentation in Beziehung.
- Gestaltet eine Spielszene, in der ihr einen Konflikt, der traditionellerweise in Gewalt münden würde, gewaltfrei löst.

A2/M 1 Gründe

»Weil das alles nicht hilft
Sie tun ja doch was sie wollen

Weil ich mir nicht nochmals
die Finger verbrennen will

Weil man nur lachen wird:
Auf dich haben sie gewartet

Und warum immer ich?
Keiner wird es mir danken

Weil da niemand mehr durchsieht
sondern höchstens noch mehr kaputtgeht

Weil jedes Schlechte
vielleicht auch sein Gutes hat

Weil es Sache des Standpunktes ist
und überhaupt wem soll man glauben?

Weil auch bei den anderen nur
mit Wasser gekocht wird

Weil ich das lieber
Berufeneren überlasse

Weil man nie weiß
wie einem das schaden kann

Weil sich die Mühe nicht lohnt
weil sie alle das gar nicht wert sind«

Das sind Todesursachen
zu schreiben auf unsere Gräber

die nicht mehr gegraben werden
wenn das die Ursachen sind

Erich Fried: Gründe, in: Gesammelte Werke. Gedichte I,
hg. von Volker Kaukoreit und Klaus Wagenbach, Berlin 1993,
S. 365–366 ©Wagenbach-Verlag

Jahrgang 9/10: »Die Kirche hat doch immer mit den Mächtigen paktiert« ...? – Die Kirchen im Nationalsozialismus

Didaktische Überlegungen

Historische Bewertung

Kirchenleitungen und -mitglieder leisteten in ihrer Gesamtheit nicht entschieden genug Widerstand gegen den Nationalsozialismus und haben die jüdische Bevölkerung Europas ihrem Schicksal überlassen.

Es haben sich prominente »Märtyrer« (z. B. Dietrich Bonhoeffer und Alfred Delp) aktiv gegen die Verbrechen der Nationalsozialisten eingesetzt.

Es gab aber auch eine aktive Minderheit von Christen (z. B. viele katholische Priester und evangelische Pfarrer), die sich der Gleichschaltung der Kirchen mit dem totalitären Staat widersetzten.

Verhältnis der Schüler zum Thema

Ein grobes Vorverständnis über die Nazi-Zeit kann bei den Schülerinnen eines 9. oder 10. Schuljahres vorausgesetzt werden, nicht aber Detailwissen über das Verhältnis der Kirchen zum Nationalsozialismus.

Eine Reihe von Schülern wird eher von einer großen Mitschuld der Kirchen im Verhalten gegenüber den Verbrechen des Hitlerregimes ausgehen.

Viele Schülerinnen wissen, dass sich vor 1945 die Mehrzahl der Deutschen als Christen verstanden.

Viele Schüler werden sich in ihrer Kirchendistanz durch »aufgeschnappte Pauschalurteile« über die »Verbrechen der Kirchen« während der Nazizeit bestärkt fühlen.

Zentrale Lernziele

Die Schülerinnen und Schüler sollen

- durch selbstständige Erforschung von Bild- und Textquellen zu einer fundierten Beurteilung des Verhaltens der beiden großen Kirchen befähigt werden,
- erkennen, dass Pauschalierungen und Verharmlosungen in Bezug auf die Schuld der Kirchen der Komplexität der damaligen Situation nicht gerecht werden,
- durch Auseinandersetzung mit historischen Quellen zu einer differenzierten Beurteilung kommen, welche stets für neue Forschungsergebnisse offen ist,
- exemplarisch die Rolle der Kirche in einer Diktatur reflektieren,
- die Bestimmung der Kirche im Verhältnis zum Staat in Bezug auf die Aufforderung zur Nachfolge Jesu bewerten.

Das Thema Nationalsozialismus sollte im Geschichtsunterricht vor dieser Sequenz oder parallel zu ihr behandelt werden.

Inhaltsbezogene Kompetenz

»Die Schülerinnen und Schüler beurteilen kritisch Stationen der Kirchengeschichte und interpretieren das Geschehen im historischen Zusammenhang.«[1]

Religionspädagogische Akzente

Kompetenzorientierung durch

- Bezug auf die Kerncurricula Evangelische und Katholische Religion
- kompetenzorientierte Aufgabenstellungen
- sequenzielles Vorgehen
- Bearbeitung einer Herausforderung (Anforderungssituation)

Ökumenische Perspektive

Das Verhalten der evangelischen und der katholischen Kirche wird prinzipiell gleichgewichtig analysiert, miteinander verglichen und diskutiert.

Prinzipien innerer Differenzierung sowie selbstgesteuerten Lernens durch

- freie Wahl von Aufgaben höherer Komplexität (erfordern mehr Eigenständigkeit, Sprach- und Abstraktionsvermögen) und niedrigerer Komplexität

(stärker vorstrukturiert; vgl. *Handbuch Dialogorientierter Religionsunterricht*, Kap. 4.6.3) sowie Interessen der Schülerinnen
- freie Wahl von Arbeits- und Sozialformen (Einzelarbeit, Partnerarbeit, Gruppenarbeit), Arbeitspartnern und Gruppen
- selbstständiges Bearbeiten von Quellen, Internetrecherche und Dokumentieren der Ergebnisse (in einer Mappe oder einem Portfolio)
- einen hohen zeitlichen Anteil (ca. zwei Drittel) von kooperativen Arbeitsformen

Methodische Hinweise

Die Aufgaben und das beigefügte Quellenmaterial bekommen die Schüler zu Beginn der Unterrichtssequenz komplett ausgehändigt.

Die Schülerinnen sollen die Aufgaben vorwiegend in Gruppen- oder Partnerarbeit behandeln und müssen sich nach Fähigkeiten und Interessen zusammenfinden.

Jeder einzelne muss die Ergebnisse festhalten, um in der Lage zu sein, Ergebnisse zu präsentieren. Daher sind die Aufgaben meist im Singular formuliert.

Wenn einzelne Schülerinnen die Aufgaben für eine Einheit in Einzelarbeit bearbeiten wollen, sollte das zugelassen werden.

Nach der Erarbeitung der jeweils durch eine Leitfrage gekennzeichneten Einheit (1–4) erfolgt stets eine Präsentation der Schülerergebnisse und deren Diskussion.

Es empfiehlt sich, zunächst die leistungsschwächeren Schüler ihre Ergebnisse vorstellen zu lassen, damit deren Ergebnisse nicht durch andere Schülerinnen vorweggenommen werden.[2]

1 Niedersächsisches Kultusministerium (Hg.): Kerncurriculum Evangelische und Katholische Religion für die integrierte Gesamtschule Jahrgänge 5–10, Hannover 2009, jeweils S. 26.

2 Ein Test zum Thema mit Erwartungshorizont und Rückmeldebogen findet sich im *Handbuch Dialogorientierter Religionsunterricht*, Kap. 6.3.3.

Literatur

Röhm, Eberhard/Thierfelder, Jörg: Evangelische Kirche zwischen Kreuz und Hakenkreuz. Bilder und Texte einer Ausstellung, Stuttgart [4]1990

Bohmeier, Axel/Knolle-Tiesler, Uta/Kößler, Gottfried: Schwierigkeiten mit Verantwortung und Schuld. Pädagogische Materialien 7, Frankfurt/Main 2001

Breuer, Thomas: Christen und Nazis, in: Noormann, Harry (Hg.): Arbeitsbuch Religion und Geschichte. Das Christentum im interkulturellen Gedächtnis, Bd. 2, Stuttgart 2013, S. 158–187

Gutschera, Herbert/Thierfelder, Jörg: Brennpunkte der Kirchengeschichte, Paderborn 1976

Mertens, Annette: Widerstand gegen das NS-Regime?, online unter: www.rheinische-geschichte.lvr.de/themen/Das%20Rheinland%20im%2020.%20Jahrhundert/Seiten/KatholischeKircheundKatholikenimRheinland1933%E2%88%921945.aspx (Zugriff am 15.01.2016)

Wichtige Links für Schüler oder Lehrer

www.bpb.de/apuz/32092/widerstand-von-protestanten-im-ns-und-in-der-ddr?p=all (Zugriff am 15.01.2016)

de.evangelischer-widerstand.de/#/zeiten/19421945 (Zugriff am 15.01.2016)

Planungsübersicht[3]

1. Stunde: Einstieg in die Thematik und Arbeitsweise

❶ Herausforderung: L trägt die Herausforderung vor (M1.1). Anschließend äußern die SuS mögliche Antworten auf die genannten Fragen.
❷ Hinführung: Die SuS beschreiben das Foto M1.2 (Hitler kommt aus der Marinekirche in Wilhelmshaven) und äußern sich zur Wirkung.
❸ Erarbeitung: Die SuS formulieren von M1.2 aufgeworfene Fragen zum Verhältnis von Kirche und Nationalsozialismus. Sie werden mit TA festgehalten.
❹ Instruktion: L erläutert Planung und die selbstständige, binnendifferenzierte Arbeitsweise der Unterrichtssequenz. Er fordert die SuS auf, festzustellen, in welcher Einheit ihre Fragen (vgl. Punkt 3, Erarbeitung) beantwortet werden können. Dabei beziehen sie ihre Fragen auf die eingangs formulierte Herausforderung (vgl. Punkt 1). Anschließend stellt L ihnen die Ziele der Unterrichtssequenz wie folgt vor (TA, vorbereitete Folie, Papier zur Planung): *Am Ende der Unterrichtsreihe* – kannst du beschreiben und bewerten, wie und warum Kirchenmitglieder und Funktionsträger den Nationalsozialismus mit Worten und Taten unterstützten, ablehnten oder ignorierten, – kannst du erläutern, wie Menschen Widerstand gegen den Nationalsozialismus geleistet haben und was ihnen den Mut dazu gegeben hat, – kannst du wichtige Dokumente der Kirchen in Bezug auf den Nationalsozialismus nennen sowie deren Inhalt und Bedeutung darstellen, – kannst du das Reden und Handeln der beiden Kirchen differenziert bewerten und gut begründete Antworten auf die Leitfrage geben.

2.–4. Stunde (Einheit 1): Wie reden und handeln die beiden Kirchen vor der Machtergreifung der Nationalsozialisten?

❶ Hinführung: L fordert SuS auf, zu wiederholen, wie in dieser Unterrichtssequenz gearbeitet werden soll.
❷ Erarbeitung 1 (EA, PA, GA): SuS arbeiten mithilfe von M1.3 (Auszug aus dem Parteiprogramm der NSDAP von 1920) das rassistische Verständnis der Nationalsozialisten von Staatsbürgerschaft und deren Diskriminierung des Judentums heraus. Sie setzen sich mit dem Begriff »positives Christentum« und der nationalsozialistischen Auffassung von Religionsfreiheit auseinander.
❸ Erarbeitung 2 (EA, PA, GA): Die SuS erarbeiten mithilfe von M1.3–M1.7 die unterschiedlichen Reaktionen von Evangelischer und Katholischer Kirche auf den wachsenden Einfluss der Nationalsozialisten.
❹ Präsentationen und Diskussion (UG): Die SuS stellen die Ergebnisse ihrer Arbeit vor. Einzelne Aspekte werden diskutiert. Dabei werden besonders Fragen der SuS aus der ersten Stunde berücksichtigt.

3 Legende: M=Materialien, UG=Unterrichtsgespräch, S=Schüler/Schülerin, SuS=Schülerinnen und Schüler, GA=Gruppenarbeit, PA=Partnerarbeit, L=Lehrkraft, TA=Tafelanschrieb.

5.–7. Stunde (Einheit 2): Wie ändert sich das Verhalten der beiden Kirchen während des Nationalsozialismus?

❶ Hinführung: Die SuS betrachten M2.1 (Hitler mit Abt Schachleiter und Reichsbischof Müller) und äußern im UG ihre Beobachtungen in Bezug auf das Verhältnis zwischen Hitler und evangelischen und katholischen Geistlichen.
❷ Erarbeitung (EA, PA, GA): Mithilfe von M2.2–M2.9 arbeiten die SuS in EA, PA oder GA die Schwierigkeiten heraus, vor die sich Christen in der Zeit des Nationalsozialismus gestellt sahen. Sie erschließen sich die Spaltung der Evangelischen Kirche in »Deutsche Christen« und »Bekennende Kirche« und die Bedeutung des Reichskonkordates für die Katholische Kirche.
❸ Präsentationen und Diskussion (UG): Vgl. Punkt 4 der 2.–4. Stunde

8.–9. Stunde (Einheit 3): Leisten die Kirchen Widerstand gegen die Nationalsozialisten?

❶ Hinführung: M3.1 (Todesurteil gegen Pfarrer Stellbrink) dient als gemeinsamer Einstieg. Die SuS äußern Vermutungen über die Gründe für die Hinrichtung Stellbrinks, indem sie die Urteilsbegründung »Vorbereitungen zum Hochverrat« beachten.
❷ Erarbeitung (EA, PA, GA): Mithilfe von M3.2–M3.4 und eigener Internetrecherche arbeiten die SuS heraus, wie einige evangelische und katholische Geistliche Widerstand leisteten und wie das nationalsozialistische Regime darauf reagierte. Durch Gestaltungsaufgaben werden sie aufgefordert, Argumente aus damaliger Sicht zu formulieren, indem sie die Situation dieser Geistlichen antizipieren.
❸ Präsentationen und Diskussion (UG): Vgl. Punkt 4 der 2.–4. Stunde

10.–12. Stunde (Einheit 4): Wie reden und handeln die Kirchen nach der Befreiung vom Nationalsozialismus?

❶ Hinführung: Mit M4.1 (Bild einer zerstörten Kirche) werden die SuS auf die Nachkriegssituation eingestimmt. Sie sollen Vermutungen äußern (UG), wie die Kirchen in der unmittelbaren Nachkriegssituation ihre Rolle im Dritten Reich selbst bewerteten.
❷ Erarbeitung (EA, PA, GA): In Auseinandersetzung mit M4.2–M4.7 erarbeiten sie die unterschiedlichen Reaktionen aus den Kirchen. Sie werden durch Gestaltungsaufgaben dazu herausgefordert, sich gedanklich in die damalige Situation hineinzuversetzen.
❸ Präsentationen und Diskussion (UG): Vgl. Punkt 4 der 2.–4. Stunde

13.–14. Stunde: In der Diskussion: Anpassung der Kirchen oder Widerstand?

❶ Hinführung: Die SuS beschreiben und deuten M5 (Fotomontage von Heartfield). Daran anknüpfend nennt L noch einmal die Kernthese aus der Herausforderung (1. Stunde): »Die Kirchen haben doch immer mit den Mächtigen paktiert« und leitet zur Erarbeitungsphase über.
❷ Erarbeitung: Die SuS vergleichen das Verhalten der beiden Kirchen, stellen Pro- und Contra-Argumente zur Kernthese gegeneinander und bereiten eine Diskussion vor.
❸ Problematisierung: Durchführung der Diskussion: L sollte nach dem Austausch der Pro- und Contra-Argumente und deren Bewertung durch Impulse die Diskussion auf die Fragestellung lenken, was wir aus dem Thema über die Rolle der Kirche in einer Diktatur und das Verhältnis von Kirche und Staat lernen können.
❹ Zusammenfassung und Feedback: Ein S fasst die Diskussionsergebnisse zusammen. Die SuS reflektieren den Verlauf der Unterrichtssequenz und die Arbeitsweise (evtl. durch Methode Blitzlicht).

Arbeitsaufträge im Überblick

1. Stunde:
Einstieg in die Thematik und Arbeitsweise

Zu M1.1 (Herausforderung)
- Diskutiert die Fragen der beschriebenen Herausforderung. Bringt euer Vorverständnis über Kirche im Nationalsozialismus ein.

Zu M1.2 (Hitler kommt aus der Marinekirche in Wilhelmshaven)
- Beschreibt das Bild und erläutert seine Wirkung.
- Formuliert Fragen, die das Bild zum Verhältnis von Kirche und Nationalsozialismus aufwirft.

2.–4. Stunde (Einheit 1):
Wie reden und handeln die beiden Kirchen vor der Machtergreifung der Nationalsozialisten?

Zu M1.3 (Auszug aus dem Parteiprogramm der NSDAP von 1920)
Aufgaben geringeren Schwierigkeitsgrades:
- Erläutere den Zusammenhang folgender Begriffe: Staatsbürger, Volksgenosse, deutsches Blut.
- Erkläre, wie die Nationalsozialisten Juden einstuften.
- Interpretiere den Begriff »positives Christentum«, indem du den Textzusammenhang untersuchst.

Aufgaben höheren Schwierigkeitsgrades:
- Erläutere das Staatsbürgerverständnis der Nationalsozialisten und ihre Einstufung der Juden.
- Interpretiere den Begriff »positives Christentum«, indem du den Textzusammenhang untersuchst.
- Nimm zum nationalsozialistischen Verständnis von Religionsfreiheit Stellung.

Zu M1.4–M1.7
Aufgaben geringeren Schwierigkeitsgrades:
- Beschreibe, wie die Katholische Kirche und die Evangelische Kirche auf den wachsenden Einfluss der Nationalsozialisten reagiert haben.
- Vergleiche das Verhalten der beiden Kirchen und nimm dazu Stellung.

Aufgaben höheren Schwierigkeitsgrades:
- Beschreibe, wie die Katholische Kirche und die Evangelische Kirche auf den wachsenden Einfluss der Nationalsozialisten reagiert haben.
- Bewerte das Verhalten der beiden Kirchen und erkläre, wodurch es zu unterschiedlichen Reaktionen der Evangelischen und der Katholischen Kirche kommen konnte. Berücksichtige dabei die unterschiedlichen Strukturen beider Kirchen.

5.–7. Stunde (Einheit 2): Wie ändert sich das Verhalten der beiden Kirchen während des Nationalsozialismus?

Zu M2.2–M2.9

Aufgaben geringeren Schwierigkeitsgrades:

- Schreibe aus der Perspektive eines Christen, vor welche Schwierigkeiten du dich in dieser Diktatur gestellt siehst.
- Erkläre, wer die »Deutschen Christen« sind und welche Ziele sie vertreten.
- Erläutere, was »Pfarrernotbund« und »Bekennende Kirche« sind und welche Ziele sie verfolgen.
- Vergleiche Deutsche Christen auf der einen und Pfarrernotbund und Bekennende Kirche auf der anderen Seite.

Aufgaben höheren Schwierigkeitsgrades:

- Schreibe aus der Perspektive eines kirchlichen Funktionsträgers (z. B. Pastor, Bischof), vor welche Schwierigkeiten du dich in dieser Diktatur gestellt siehst.
- Beschreibe Inhalt und Absicht des »Reichskonkordats«.
- Erkläre, was »Pfarrernotbund« und »Bekennende Kirche« sind und welche Ziele sie verfolgen.
- Vergleiche öffentliches Auftreten und Selbstverständnisse der beiden Kirchen (ev./kath.) und nimm dazu Stellung.

8.–9. Stunde (Einheit 3): Leisten die Kirchen Widerstand gegen die Nationalsozialisten?

Zu M3.2–M3.4

Aufgaben geringeren Schwierigkeitsgrades:

- Informiere dich im Internet über Dietrich Bonhoeffer oder Alfred Delp. Stelle dar, wer Dietrich Bonhoeffer war, was er tat, warum er es tat und bewerte sein Verhalten oder stelle dar, wer Alfred Delp war, was er tat, warum er es tat und bewerte sein Verhalten.
- Verfasse aus der Perspektive einer der genannten Personen einen inneren Monolog (schriftliches Selbstgespräch) darüber, ob sie Widerstand leisten soll. Berücksichtige dabei das Liebesgebot Jesu.

Aufgaben höheren Schwierigkeitsgrades:

- Informiere dich im Internet über die vier Lübecker Geistlichen, die von den Nationalsozialisten hingerichtet wurden.
- Entwirf ein Gespräch zwischen ihnen, bei dem sie sich über ihre Aktionen und ihre Motive austauschen oder verfasse aus der Perspektive einer der genannten Personen einen inneren Monolog darüber, ob sie Widerstand leisten soll.
- Berücksichtige bei beiden Aufgaben die erste These der »Barmer Theologische(n) Erklärung« der Bekennenden Kirche (M2.9).

10.–12. Stunde (Einheit 4): Wie reden und handeln die Kirchen nach der Befreiung vom Nationalsozialismus?

Zu M4.2–M4.7

Aufgaben geringeren Schwierigkeitsgrades:

- Erläutere Inhalt und Absicht der Stuttgarter Erklärung sowie die Gegenposition von Präses Halfmann.
- Stelle die Position von Konrad Adenauer dar und nimm zu ihr Stellung.
- Schreibe deine Erwartungen an das aktuelle Verhalten beider Kirchen mit Bezug auf ihre Positionen während der Zeit des Nationalsozialismus auf.

Aufgaben höheren Schwierigkeitsgrades:

- Deute die Reaktion von Präses Wilhelm Halfmann auf die Stuttgarter Erklärung.
- Vergleiche die Positionen von Kardinal Frings und Konrad Adenauer zur Frage nach der Schuld der Kirchen.
- Schreibe aus heutiger Sicht einen Brief eines Bischofs an seinen Freund, in dem der Bischof erklärt, was die Kirche nach 1945 getan hat, um Lehren aus der Geschichte zu ziehen und was sie versäumt hat. Berücksichtige dabei die Materialien M4.2–M4.7.

13.–14. Stunde: In der Diskussion: Anpassung der Kirchen oder Widerstand?

Zu M5

- Beschreibt das Bild.
- Erläutert die Art der Darstellung.
- Interpretiert die Darstellung Heartfields.

Zum Abschluss der Unterrichtssequenz:

Aufgabe geringeren Schwierigkeitsgrades:

- Notiere in einer Tabelle Pro- und Contra-Argumente zu der These: »Die Kirchen haben doch immer mit den Mächtigen paktiert« und nimm dazu Stellung.

Aufgabe höheren Schwierigkeitsgrades:

- Vergleiche das Verhalten von Evangelischer und Katholischer Kirche und bewerte es.
- Bereitet Statements für eine Pro- und Contra-Diskussion zu der Frage »Anpassung oder Widerstand der Kirchen im Nationalsozialismus?« vor und führt diese durch.

M 1.1 Herausforderung

Rebekka (15) und Mareike (16) sind Freundinnen. Während Rebekka sich als Christin versteht und in einer evangelischen Kirchengemeinde aktiv ist, steht Mareike der Kirche distanziert gegenüber. Mareike schlägt vor, am Donnerstagnachmittag einen gemeinsamen Stadtbummel zu machen, und Rebekka antwortet, dass sie dann keine Zeit habe. Sie müsse genau zu diesem Zeitpunkt die Pfadfindergruppe ihrer Kirchengemeinde leiten. Mareike reagiert darauf genervt: »Du immer mit deiner Kirche! Mag ja sein, dass die auch viel Gutes tut. Aber mein Vater hat mir erzählt, dass beide Kirchen in der Vergangenheit stets nur mit den Mächtigen paktiert haben. Sie haben sogar brutale Diktaturen als von Gott gegeben gerechtfertigt. Teilweise passiert das heute noch. Besonders deutlich wird das Ganze am Nationalsozialismus. Weil die Kirchen nichts gemacht haben, mussten Millionen Menschen sterben, vor allem Juden. Deshalb glaube ich der Kirche nichts mehr. Kannst Du da so einfach drüber hinwegsehen und in Ruhe deine Pfadfinder leiten?«

Wie würdest du Mareikes Frage beantworten? – Ist Mareikes These in Bezug auf den Nationalsozialismus berechtigt?

M 1.2 Hitler in der Marinekirche

© bpk/Heinrich Hoffmann

Eine fotografische Zufälligkeit wird zum Symbol: Adolf Hitler, der angebliche »Ketzer«, beim Verlassen der Marinekirche in Wilhelmshaven.

Anmerkung:
Mit diesem Bild warb die NSDAP vor 1933 bei kirchentreuen Wählern. 1934 wurde es aus dem Verkehr gezogen. Die Marinekirche in Wilhelmshaven war damals ein Museum.

M 1.3 Aus dem Paragraphen 24 des Parteiprogramms der NSDAP vom 24. Februar 1920

Punkt 4: Staatsbürger kann nur sein, wer Volksgenosse ist. Volksgenosse kann nur sein, wer arischen Blutes ist, ohne Rücksichtnahme auf Konfession. Kein Jude kann daher Volksgenosse sein.

Punkt 5: Wer nicht Staatsbürger ist, soll nur als Gast in Deutschland leben können und muss unter Fremdengesetzgebung stehen.

Punkt 6: Das Recht, über Führung und Gesetze des Staates zu bestimmen, darf nur dem Staatsbürger zustehen. Daher fordern wir, dass jedes öffentliche Amt, gleichgültig welcher Art, gleich ob Reich, Land oder Gemeinde, nur durch Staatsbürger bekleidet werden darf. [...]

Punkt 24: Wir fordern die Freiheit aller religiösen Bekenntnisse im Staat, soweit sie nicht dessen Bestand gefährden oder gegen das Sittlichkeits- und Moralgefühl der germanischen Rasse verstoßen.

Die Partei als solche vertritt den Standpunkt eines positiven Christentums, ohne sich konfessionell an ein bestimmtes Bekenntnis zu binden. Sie bekämpft den jüdisch-materialistischen Geist *in* und *außer* uns und ist überzeugt, dass eine dauernde Genesung unseres Volkes nur erfolgen kann von *innen* heraus auf der Grundlage: *Gemeinnutz vor Eigennutz.*

M 1.4 Wahlaufruf von Gauleiter Grube für die evangelische Reichskirche

Es ist Zeit, dass das evangelische Volk in Deutschland seiner Kirche mehr Aufmerksamkeit widmet ... Wir brauchen eine evangelische Reichskirche für ganz Deutschland ... Im Jahre 1932 finden Wahlen zu den Gemeindekörperschaften [= Kirchengemeinderäten] statt, aus denen dann später die Synoden usw. gewählt werden, und die Wahlen der Pfarrer in der Hand haben ... Nationalsozialisten! ... Erobert euch eure Kirche und erfüllt sie mit dem lebendigen christlichen Geist der erwachten deutschen Nation! Lasst euch schon jetzt in Stadt und Land zu Hunderttausenden und Millionen in die Wählerlisten eintragen ...

Zusätzliche Hinweise:

Durch Mobilisierung von Wählern, die bisher an Kirchenwahlen noch nie teilgenommen hatten, gelang es den Nationalsozialisten, fast ein Drittel aller Sitze der Gemeindekörperschaften zu besetzen.

Mit der katholischen Kirche wurde ein anderer Weg versucht. Im Gegensatz zur evangelischen Kirche, die von keiner Partei direkt vertreten wurde, hatte die katholische Kirche vor allem für ihre kulturpolitischen Forderungen eine unmittelbare Vertretung in der Zentrumspartei. Taktisch klug, griff die NSDAP allein das Zentrum an, während sie die katholische Kirche unbehelligt ließ. Ihre Parole war: Respekt vor der Kirche – Tod dem politischen Katholizismus! Neben den Juden und Marxisten wurden darum die »Schwarzen« zum bevorzugten Angriffsziel nationalsozialistischer Propaganda.

Gutschera, Herbert/Thierfelder, Jörg: Brennpunkte der Kirchengeschichte. Ein Arbeitsbuch, Paderborn 1976, S. 218
© Verlag Ferdinand Schöningh

M 1.5 Wahlpropaganda

© bpk

Wahlpropaganda vor einer Berliner Kirchentür für die Wahlen der Gemeindekörperschaften am 23. Juli 1933

M 1.6 Verwirrende Vielfalt in der Evangelischen Kirche

Die Evangelische Kirche bot ein viel verworreneres Bild als die Katholische Kirche. Das Meinungsspektrum war breit:

Ja

Auf der einen Seite stand die anfangs noch kleine Gruppe der »Deutschen Christen«, die den Nationalsozialismus nicht nur politisch akzeptierte, sondern sich ihm auch theologisch anglich:

»Wir stehen auf dem Boden des positiven Christentums. Wir bekennen uns zu einem bejahenden artgemäßen Christusglauben, wie er deutschem Luther-Geist und heldischer Frömmigkeit entspricht. [...]

Wir sehen in Rasse, Volkstum und Nation uns von Gott geschenkte und anvertraute Lebensordnungen, für deren Erhaltung zu sorgen uns Gottes Gesetz ist. Daher ist der Rassenvermischung entgegenzutreten. [...]

Wir wollen eine evangelische Kirche, die im Volkstum wurzelt, und lehnen den Geist eines christlichen Weltbürgertums ab.«

Aus den Richtlinien der Glaubensbewegung »Deutsche Christen« vom 26. Mai 1932

Nein

Auf der anderen Seite wurden auch Stimmen laut, die den Nationalsozialismus eindeutig ablehnten:

»[...] dieser Artikel (= § 24 des Parteiprogramms) macht jede Diskussion mit einer Kirche unmöglich. [...] Denn die Evangelische Kirche müsste ein Gespräch darüber mit dem offenen Geständnis beginnen, dass ihre Lehre eine vorsätzliche und permanente Beleidigung des ›Sittlichkeits- und Moralgefühls der germanischen Rasse‹ ist und dass sie demgemäß keinen Anspruch auf Duldung im Dritten Reich hat [...]

Wir sind der Meinung, dass nicht nur der jüdisch-materialistische, sondern ebenso der deutsch-idealistische Geist in und außer uns bekämpft werden muss [...]

Wir erklären des Weiteren, dass wir an dem, was hier ›Christentum‹ genannt wird, kein großes Interesse haben, dass uns aber alles an dem im Wort und Sakrament gegenwärtigen Christus, dem Herrn, an seinem Evangelium und seiner Kirche liegt.«

Hermann Sasse, 1932
Kirchliches Jahrbuch für die Ev. Kirche in Deutschland 1933–1944, hrsg. von J. Beckmann, Gütersloh 1948, S. 2 f.

Ja und Nein

Weite Kreise in der Evangelischen Kirche haben wohl Folgendes akzeptiert:

»Was sagen wir als evangelische Christen zum Rufe des Nationalsozialismus? ... Wir antworten als evangelische Christen auf den Ruf des NS zunächst mit einem ›Ja‹. [...] Wir antworten mit einem Ja und zwar mit einem Ja als zu seinem Dienst am Volke ... Wir sagen ein Ja aber auch zu dem Willen zur nationalen Neugestaltung ... Wir sehen drittens in der Bewegung den Willen zum Christentum ... Die christliche Kirche erscheint als Kulturträger bedeutungsvoll für das Volk und darum soll sie unter Achtung und Schutz des Volkes stehen. [...] Man bekennt sich offiziell zu einem ›positiven Christentum‹, wobei freilich umstritten bleibt, was im Einzelnen darunter zu verstehen ist ...

Wir haben aber die heilige Verpflichtung zugleich eine kritische Frage zu stellen ... Zunächst im Blick auf den Rassenmythus. Es wird immer wieder betont: der Blutwert ist der Grundwert ... Hier wird Rasse zum Maßstab und Ziel des Lebens ... Die Gefahr der Übersteigerung des Rasseprinzips liegt zweifellos vor.«

Walter Künneth, 1931
Was haben wir als ev. Christen zum Rufe des Nationalsozialismus zu sagen? Drei Vorträge auf den Vereinstagen für Innere Mission in Dresden am 21. April 1931, Dresden 1931, S. 5 ff.

M 1.7 Ein Briefwechsel

[1] Brief der NSDAP, Gauleitung Hessen (Abteilung Presse), an das Bischöfliche Ordinariat Mainz vom 27. September 1930

Nach einem uns vorliegenden Bericht soll der Hochwürdige Herr Pfarrer Weber von Kirschhausen im Verlauf der Predigt, die er im Rahmen des feierlichen Hochamtes hielt und die sich lediglich gegen uns Nationalsozialisten richtete, gesagt haben, daß er auf seine Anfrage beim Bischof erklärt bekommen habe:

1. Jedem Katholiken ist es verboten, eingeschriebenes Mitglied der Hitlerpartei zu sein.
2. Jedem Mitglied der Hitlerpartei sei nicht gestattet, in korporativer Zusammensetzung an Beerdigungen oder sonstigen Veranstaltungen teilzunehmen.
3. Solange ein Katholik eingeschriebenes Mitglied der Hitler-Partei sei, könne er nicht zu den Sakramenten zugelassen werden.

Diese Behauptungen des Hochw. Herrn Pfarrers Weber sind so überaus merkwürdig, dass wir in aller Form anfragen müssen, ob der Bischof von Mainz tatsächlich das gesagt hat. Wegen der Dringlichkeit der Sache bitten wir um sofortigen Bescheid!

[2] Antwort des Bischöflichen Ordinariates Mainz vom 30. September 1930

Wir haben dem Pfarrer von Kirschhausen auf seine Anfrage, welche Stellung er gegenüber der NSDAP einzunehmen habe, die in Ihrem Bericht enthaltenen Anweisungen gegeben. Wir mussten diese Anweisungen geben, da das Programm der NSDAP Sätze enthält, die sich mit katholischen Lehren und Grundsätzen nicht vereinigen lassen. Namentlich ist es der § 24 des Programms, den kein Katholik annehmen kann, ohne seinen Glauben in wichtigen Punkten zu verleugnen.

[...] Der § 24 sagt in seinem zweiten Teil: »Wir fordern die Freiheit aller religiösen Bekenntnisse im Staat, soweit sie nicht gegen das Sittlichkeits- und Moralgefühl der germanischen Rasse verstoßen.« – Wir fragen: Was ist Sittlichkeits- und Moralgefühl der germanischen Rasse? Wie verhält sich dieses germanische Sittlichkeits- und Moralgefühl zur christlichen Moral? Das christliche Sittengesetz gründet sich auf die Nächstenliebe. Die nationalsozialistischen Schriftsteller anerkennen dieses Gebot nicht in dem von Christus gelehrten Sinn; sie predigen Überschätzung der germanischen Rasse und Geringschätzung alles Fremdrassigen (s. Programm § 4 ff.). Diese Geringschätzung, die bei vielen zu vollendetem Haß der fremden Rassen führt, ist unchristlich und unkatholisch. – Das christliche Sittengesetz ist ferner allgemein, es gilt für alle Zeiten und für alle Rassen. Es ist deshalb ein großer Irrtum zu fordern, daß das christliche Bekenntnis dem Sittlichkeits- und Moralgefühl der germanischen Rasse angepaßt werde. Übrigens entscheidet in Sachen der Religion nicht das Gefühl, sondern Verstand und Wille.

[...] Der § 24 sagt in seinem dritten Teil: »Die Partei als solche vertritt den Standpunkt eines positiven Christentums, ohne sich konfessionell an ein bestimmtes Bekenntnis zu binden.« – Wir fragen: Was ist hier unter positivem Christentum zu verstehen? Die Führer der NSDAP wollen einen deutschen Gott, ein deutsches Christentum und eine deutsche Kirche. [...] Was hier gefordert wird, ist nichts anderes als eine deutsche Nationalkirche. [...]

Durch diese Auffassung von Religion geraten die Nationalsozialisten in eine feindliche Stellung zur katholischen Kirche, weshalb auch von nationalsozialistischen Rednern in Volksversammlungen wiederholt der Gedanke ausgesprochen wurde: »Unser Kampf gilt Juda und Rom.«

M 2.1 Hitler mit Schachleiter und Müller

© bpk/Heinrich Hoffmann

Adolf Hitler begrüßt auf der Ehrentribüne des »Reichsparteitags der Einheit und Stärke« im September 1934 den evangelischen Reichsbischof Ludwig Müller (rechts) und den katholischen Abt Albanus Schachleiter

M 2.2 Verlautbarungen der Fuldaer Bischofskonferenz vom 28. März 1933

Die deutschen Bischöfe haben aus triftigen Gründen […] in den letzten Jahren gegenüber der nationalsozialistischen Bewegung eine ablehnende Haltung durch Verbote und Warnungen eingenommen, diese Ablehnung sollte so lange bestehen, wie die Gründe, die die Ablehnung verursachen. Jetzt ist anzuerkennen, dass von dem höchsten Vertreter der Reichsregierung, der zugleich autoritärer Führer jener Bewegung ist, öffentlich und feierlich Erklärungen gegeben sind, durch die der Unverletzlichkeit der katholischen Glaubenslehre und den unveränderlichen Aufgaben und Rechten der Kirche Rechnung getragen, sowie die vollinhaltliche Geltung der von den einzelnen deutschen Ländern mit der Kirche abgeschlossenen Staatsverträge durch die Reichsregierung ausdrücklich zugesichert wird. Daher glauben die deutschen Bischöfe das Vertrauen hegen zu können, dass die vorher genannten Verbote und Warnungen nicht mehr als notwendig betrachtet zu werden brauchen.

(sprachlich leicht modernisiert)

M 2.3 Die Deutschen Christen

Symbol der »Deutschen Christen« © RsVe

M 2.4 Die Deutsche Evangelische Kirche (DEK)

Mithilfe der 1932 gegründeten Bewegung der »Deutschen Christen« versuchte Hitler die evangelischen Landeskirchen von innen zu erobern. Um diese »gleichzuschalten«, d. h. in seinem Sinne zu vereinheitlichen und der NS-Ideologie anzupassen, begünstigte er die Schaffung der von den »Deutschen Christen« geforderten einheitlichen Reichskirche. Nach Verhandlungen zwischen den deutschen Landeskirchen wurde eine Verfassung für eine Deutsche Evangelische Kirche (DEK) ausgearbeitet. Die Gründung der Deutschen Evangelischen Kirche mit einem Reichsbischof an der Spitze fand jedoch erst im Juli 1933 als Nachfolgeorganisation des Deutschen Evangelischen Kirchenbundes von 1922 statt.

Bei den Kirchenwahlen am 23. Juli 1933 errangen die »Deutschen Christen« beachtliche Erfolge und verstärkten ihren Einfluss auf kirchliche Entscheidungen. In einem preußischen Kirchengesetz vom 6. September 1933, welches den sogenannten Arierparagraphen enthielt, wird das besonders deutlich. Danach durfte nur noch derjenige als Geistlicher oder kirchlicher Beamter berufen werden, welcher sich bedingungslos für den nationalen Staat und die Deutsche Evangelische Kirche einsetzte. Personen nicht-arischer Abstammung oder diejenigen, welche mit einer Person nicht-arischer Abstammung verheiratet waren, durften weder Pfarrer noch kirchlicher Beamter werden.

M 2.5 Das Reichskonkordat

Nach schwierigen Verhandlungen kam es am 20. Juli 1933 zum sogenannten Reichskonkordat, einer rechtlich verbindlichen Vereinbarung zwischen der deutschen Reichsregierung und dem Heiligen Stuhl.

Artikel 1

Das Deutsche Reich gewährleistet die Freiheit des Bekenntnisses und der öffentlichen Ausübung der katholischen Religion. Es anerkennt das Recht der katholischen Kirche, innerhalb der Grenzen des für alle geltenden Gesetzes, ihre Angelegenheiten selbständig zu ordnen und zu verwalten und im Rahmen ihrer Zuständigkeit für ihre Mitglieder bindende Gesetze und Anordnungen zu erlassen.

Artikel 5

In Ausübung ihrer geistlichen Tätigkeit genießen die Geistlichen in gleicher Weise wie die Staatsbeamten den Schutz des Staates. Letzterer wird gegen Beleidigungen ihrer Person oder ihrer Eigenschaft als Geistliche sowie gegen Störungen ihrer Amtshandlungen nach Maßgabe der allgemeinen staatlichen Gesetzgebung vorgehen und im Bedarfsfall behördlichen Schutz gewähren.

Artikel 31

Diejenigen katholischen Organisationen und Verbände, die ausschließlich religiösen, reinkulturellen und karitativen Zwecken dienen und als solche der kirchlichen Behörde unterstellt sind, werden in ihren Einrichtungen und in ihrer Tätigkeit geschützt. [...]

Artikel 32

Auf Grund der in Deutschland bestehenden besonderen Verhältnisse wie im Hinblick auf die durch die Bestimmungen des vorstehenden Konkordats geschaffenen Sicherungen einer die Rechte und Freiheiten der katholischen Kirche im Reich und seinen Ländern wahrenden Gesetzgebung erläßt der Heilige Stuhl Bestimmungen, die für die Geistlichen und Ordensleute die Mitgliedschaft in politischen Parteien und die Tätigkeit für solche Parteien ausschließen.

Mit dem Reichskonkordat hatte Hitler erreicht, dass die Katholische Kirche ihren direkten Einfluss auf die Politik aufgab und sich auf sich selbst zurückzog. So feierte er diesen Vertag als großen Erfolg. Kardinalstaatssekretär Pacelli, der spätere Papst Pius XII., sah in dem Reichskonkordat die Fortsetzung einer kirchlichen Tradition und die Anerkennung der für ihre Aufgaben notwendigen Freiheiten der katholischen Kirche. Viele deutsche Katholiken begrüßten wie der spätere Papst Pius XII. das Reichskonkordat als Sicherung der Zukunft ihrer Kirche. Im Verlauf der Herrschaft der Nationalsozialisten zeigte sich jedoch zunehmend, dass Hitler gar nicht bereit war, zentrale Vereinbarungen des Konkordates einzuhalten (z. B. durch Auflösung katholischer Jugendverbände, deren Existenz vertraglich zugesichert war). Schon ab 1934 begannen massive Vertragsverletzungen.

M 2.6 Aus der Entschließung der Berliner Sportpalastkundgebung der Deutschen Christen am 13. November 1933

1. Wir sind als nationalsozialistische Kämpfer gewohnt, das Ringen um die Gestaltung einer großen Idee nicht mit einem faulen Frieden abzubrechen ... Ein dauernder Friede kann hier nur geschaffen werden durch Versetzung oder Amtsenthebung aller der Pfarrer, die entweder nicht willens oder nicht fähig sind, bei der religiösen Erneuerung unseres Volkes und der Vollendung der deutschen Reformation aus dem Geist des Nationalsozialismus führend mitzuwirken.

3. Wir erwarten von unserer Landeskirche, dass sie den Arier-Paragraphen [...] schleunigst und ohne Abschwächung durchführt, dass sie darüber hinaus alle fremdblütigen evangelischen Christen in besondere Gemeinden ihrer Art zusammenfasst und für die Gründung einer judenchristlichen Kirche sorgt.

4. Wir erwarten, dass unsere Landeskirche als eine deutsche Volkskirche sich frei macht von allem Undeutschen in Gottesdienst und Bekenntnis, insbesondere vom Alten Testament und seiner jüdischen Lohnmoral.

5. Wir fordern, dass eine deutsche Volkskirche ernst macht mit der Verkündigung [...] einer heldischen Jesus-Gestalt als Grundlage eines artgemäßen Christentums, in dem an die Stelle der zerbrochenen Knechtsseele der stolze Mensch tritt, der sich als Gotteskind dem Göttlichen in sich und in seinem Volke verpflichtet fühlt.

6. Wir bekennen, dass der einzige wirkliche Gottesdienst für uns der Dienst an unseren Volksgenossen ist, und fühlen uns als Kampfgemeinschaft von unserem Gott verpflichtet, mitzubauen an einer wehrhaften völkischen Kirche, in der wir die Vollendung der deutschen Reformation Martin Luthers erblicken, und die allein dem Totalitätsanspruch des nationalsozialistischen Staates gerecht wird.

Anmerkung:
Diese Entschließung wurde von 20 000 Anwesenden bei nur einer Gegenstimme angenommen.

M 2.7 »Pfarrernotbund« und »Bekennende Kirche«

Gegen die Vereinnahmung der Evangelischen Kirche durch die von den Nationalsozialisten gesteuerten »Deutschen Christen« bildete sich am 21. September 1933 der »Pfarrernotbund«, welcher die Theologie und Kirchenpolitik der »Deutschen Christen« ablehnte. Er unterstützte die Pfarrer, welche auf Betreiben der Nationalsozialisten ihre Stelle verloren hatten. Nachdem die »Deutschen Christen« in allen Landeskirchen viel Einfluss gewonnen hatten, bildete sich im Mai 1934 als Gegenbewegung die »Bekennende Kirche«. Für sie war das alleinige Kriterium für die Zugehörigkeit zur Gemeinde das Bekenntnis zu Jesus Christus und nicht Rasse- bzw. Volkszugehörigkeit. Die Barmer Theologische Erklärung, 1934 auf der Bekenntnissynode in Barmen beschlossen, stellte die programmatische Grundlage der Bekennenden Kirche dar.

M 2.8 Selbstverpflichtung des Pfarrernotbundes vom 21. September 1933

Verpflichtung.

1.Ich verpflichte mich,mein Amt als Diener des Wortos auszurichten allein in der Bindung an die Hl.Schrift und an die Bekenntnisse der Reformation als die rechte Auslegung der Hl.Schrift.

2.Ich verpflichte mich,gegen alle Verletzung solchen Bekenntstandes mit rückhaltlosem Einsatz zu protestieren.

4.Ich weiß mich nach bestem Vermögen mit verantwortlich für die,die um solchen Bekonntnisstandes willen vorfolgt werden.

5.In solcher Verpflichtung bezeuge ich,daß eine Verletzung des Bekenntnisstandes mit der Anwendung des Arierparagraphen im Raum der Kirche Christi geschaffen ist.

...............,den...........1933
(Genaue Ortsangabe)

....
(Unterschrift)

Vermerk:Der Punkt 3 der früheren Verpflichtungsformulare fällt fort.

Aus: Sammlung Kirchenkampf, Landeskirchenamt Nürnberg

M 2.9 Erste These der Barmer Theologischen Erklärung der Bekennenden Kirche

Jesus Christus, wie er uns in der Heiligen Schrift bezeugt wird, ist das eine Wort Gottes, das wir zu hören, dem wir im Leben und im Sterben zu vertrauen und zu gehorchen haben. Wir verwerfen die falsche Lehre, als könne und müsse die Kirche als Quelle ihrer Verkündigung außer und neben diesem einen Wort auch noch andere Ereignisse und Mächte, Gestalten und Wahrheiten als Gottes Wort anerkennen.

M 3.1 Todesurteil des Reichsgerichts gegen Pfarrer Friedrich Stellbrink im Jahre 1943

B J 319/42 g
2 H 64/43

Im Namen des Deutschen Volkes

In der Strafsache gegen
den Pastor der evangelisch-lutherischen Kirche in Lübeck Karl Friedrich S t e l l b r i n k aus Lübeck, geboren am 28. Oktober 1894 in Münster, zur Zeit in dieser Sache in gerichtlicher Untersuchungshaft,
wegen Vorbereitung zum Hochverrat u. a.
hat der Volksgerichtshof, 2. Senat, auf Grund der Hauptverhandlung vom 23. Juni 1943, an welcher teilgenommen haben
als Richter:
Vizepräsident des Volksgerichtshofs Dr. Crohne,
Vorsitzender,
Landgerichtsdirektor Preußner,
SA-Brigadeführer Hauer,
Gaugerichtsvorsitzender Kapeller,
Kreisamtsleiter Diestel,
als Vertreter des Oberreichsanwalts :
Erster Staatsanwalt Dr. Drullmann,
für Recht erkannt:

I. Der Angeklagte wird wegen Zersetzung der Wehrkraft in Verbindung mit landesverräterischer Feindbegünstigung und Rundfunkverbrechens zum Tode verurteilt.
Die bürgerlichen Ehrenrechte werden ihm auf Lebenszeit aberkannt.

II. Der Angeklagte trägt die Kosten des Verfahrens.

Der sichergestellte Rundfunkempfänger wird eingezogen.

M 3.2 Alfred Delp und Dietrich Bonhoeffer

© bpk

Der Angeklagte Pater Alfred Delp vor dem Volksgerichtshof in Berlin, er wurde wegen seiner Angehörigkeit zum Kreisauer Kreis am 02. Februar 1945 hingerichtet.

© Wissen911

Dietrich Bonhoeffer
evangelischer Theologe, Mitglied der Bekennenden Kirche,
am Widerstand gegen den Nationalsozialismus beteiligt,
1945 hingerichtet

M 3.3 Breslauer Stadtdekan Rundschreiben Nr. 36

S t a d t d e k a n Rundschreiben Nr. 36, G.Nr.: 1336

Breslau, den 2. September 41

Nachstehende Bitte der Frau Stadtvikarin möchte ich mit einer herzlichen Empfehlung an die Breslauer Amtsbrüder weiterleiten.

In Vertretung
M e i s s n e r.

Im Reichsgesetzblatt vom 5.9.41 ist eine Polizeiverordnung veröffentlicht über die Kennzeichnung der Juden, die am 19.9.41 in Kraft tritt …

Diese Menschen müssen nun vom 19.9.41 ab, auch wenn sie am evangelischen Gottesdienst oder irgendwelchen Gemeindeveranstaltungen teilnehmen wollen, dort mit dem Judenabzeichen erscheinen; ebenso die zum Kindergottesdienst kommenden nichtarischen Kinder, da der Judenstern vom 6. Lebensjahr an getragen werden muss …

Praktisch bitte ich zu erwägen, ob nicht die Kirchenbeamten, Gottesdienstordner usw. in geeigneter seelsorgerischer Form anzuweisen wären, sich dieser gezeichneten Gemeindemitglieder besonders anzunehmen, ihnen wenn nötig Plätze zuzuweisen usw. Evtl. wären auch besondere Plätze in jedem Gotteshaus vorzusehen, jedoch nicht als Armesünderbank für die nichtarischen Christen, sondern um sie davor zu bewahren, von unchristlichen Elementen fortgewiesen zu werden. Damit das aber nicht als unevangelische Absonderung aufgefasst werden kann, ist es notwendig, dass treue Gemeindemitglieder, die wissen, was Kirche ist, und die in der Kirche mitarbeiten (z.B. aus Gemeindekirchenrat, Frauenhilfe, Pfarrhaus) auch auf diesen Bänken neben und unter den nichtarischen Christen Platz nehmen. Es ist auch zu überlegen, ob nicht wenigstens in der ersten Zeit diese gekennzeichneten Christen auf ihren Wunsch von Gemeindegliedern abzuholen wären, da einige mir gegenüber schon geäußert haben, sie wüssten nicht, ob sie nun noch wagen dürften, in die Kirche zu gehen.

Lic. Staritz, Stadtvikarin

M 3.4 Der Judenstern

© akg-images/Voller Ernst/Chaldej

Ein jüdisches Paar mit dem von den Nationalsozialisten eingeführten sogenannten »Judenstern«

M4.1 Zerstörungen des Krieges

© akg-images

Eine zerstörte Kirche nach der Bombardierung deutscher Städte durch die alliierte Luftwaffe im Zweiten Weltkrieg

M 4.2 Das Stuttgarter Schuldbekenntnis

Nach Kriegsende bestand für die Deutschen die unmittelbare Herausforderung darin, sich unter dem traumatischen Eindruck des völligen Zusammenbruchs eine neue Existenz aufzubauen. Die Frage nach der Schuld an den Gräueltaten, die im Namen Deutschlands verübt wurden, wurde meist verdrängt. Dennoch gab es schon 1945 Menschen, die über die Schuldfrage nachdachten. Dazu gehörte der Rat der Evangelischen Kirche in Deutschland, der sich in der Stuttgarter Schulderklärung vom 18./19. Oktober 1945 zur Mitschuld der evangelischen Christen für die Verbrechen des Dritten Reiches bekannte:

Der Rat der Evangel. Kirche in Deutschland begrüßt bei seiner Sitzung am 18./19. Okt. 1945 in Stuttgart Vertreter des Ökumenischen Rates der Kirchen.

Wir sind für diesen Besuch umso dankbarer, als wir uns mit unserem Volk nicht nur in einer großen Gemeinschaft der Leiden wissen, sondern auch in einer Solidarität der Schuld. Mit großem Schmerz sagen wir: Durch uns ist unendliches Leid über viele Völker und Länder gebracht worden. Was wir unseren Gemeinden oft bezeugt haben, das sprechen wir jetzt im Namen der ganzen Kirche aus: Wohl haben wir lange Jahre hindurch im Namen Jesu Christi gegen den Geist gekämpft, der im nationalsozialistischen Gewaltregiment seinen furchtbaren Ausdruck gefunden hat; aber wir klagen uns an, dass wir nicht mutiger bekannt, nicht treuer gebetet, nicht fröhlicher geglaubt und nicht brennender geliebt haben.

Nun soll in unseren Kirchen ein neuer Anfang gemacht werden. Gegründet auf die Heilige Schrift, mit ganzem Ernst ausgerichtet auf den alleinigen Herrn der Kirche gehen sie daran, sich von glaubensfremden Einflüssen zu reinigen und sich selber zu ordnen. [...]

Wir hoffen zu Gott, dass durch den gemeinsamen Dienst der Kirchen [...] der Geist des Friedens und der Liebe zur Herrschaft komme, in dem allein die gequälte Menschheit Genesung finden kann.

www.ekd.de/glauben/bekenntnisse/stuttgarter_schulderklaerung.html

M 4.3 Wilhelm Halfmann, Präses der schleswig-holsteinischen Kirchenleitung, im Herbst 1945 zur Stuttgarter Erklärung

Der Leser (kann) nun gar nicht anders [...], als den Text der Erklärung selbst als das glatte Schuldbekenntnis der Ev. Kirche am Gesamtphänomen dieses Krieges zu verstehen, so wie es die Feinde fordern. Es ist ein schwerer Schlag für die Kirche. Schon sind die Stimmen wieder da, die sagen: Also hat ja Hitler doch recht gehabt mit der Kirche. Sie hat Landesverrat betrieben und tut's jetzt erst recht. [...] Das ist vielleicht ihre schlimmste Tat. Wenn man aber jetzt von Schuld redet, dann sollte man bedenken, dass unser Volk sich im Zustand des Ermordetwerdens befindet.

Wilhelm Halfmann, Predigten, Reden, Aufsätze, Briefe, Kiel 1964, © Lutherische Verlagsgesellschaft

M 4.4 Kardinal Joseph Frings zur Rolle der Katholischen Kirche im Nationalsozialismus

© akg-images/picture-alliance/dpa

Joseph Frings
*06.02.1887 +17.12.1978
Erzbischof von Köln (1942–1969)

Kardinal Joseph Frings zur Rolle der Katholischen Kirche im Nationalsozialismus in einer Denkschrift vom 02. August 1945, deren Thema die Frage nach der Schuld des deutschen Volkes am Nationalsozialismus und am Zweiten Weltkrieg war:

Die ersten offiziellen Verlautbarungen des Reichskanzlers Hitler waren so gemäßigt, dass sie zu Bedenken kaum noch Anlass boten. Der Papst schloss das Konkordat mit der Hitler-Regierung und erkannte sie dadurch als eine kontraktfähige Regierung an. Die europäischen Mächte schlossen Abkommen mit ihr (Flottenabkommen, Vertrag von Godesberg, München). Die deutschen Katholiken hatten keinen Grund, der Regierung ihre Anerkennung zu versagen, da keine andere Regierung da war und die bestehende die Gewalt unbestritten in Händen hatte. Gewaltsame Revolutionen zu machen, ist mit der katholischen Auffassung kaum vereinbar. Legale Mittel, eine andere Regierung einzuführen, gab es nicht. […]

Die Kirche ist nicht Kontrollinstanz für den Staat in dem Sinne, dass sie verpflichtet wäre, gegen jedes Unrecht, das die Staatslenker begehen, durch ihre Priester und Bischöfe öffentliche Verwahrung einzulegen [zu protestieren]. […] Sie wird aus Liebespflicht gehalten sein, für Unschuldige einzutreten, wenn Aussicht besteht, dass sie dadurch helfen kann. […]

Sie [die Kirche] predigte unentwegt die wesentliche Gleichheit aller Menschheit vor Gott ohne Unterschied der Rassen, die Geltung des Rechts vor der Gewalt, die Verpflichtung zur Wahrheit, die Pflicht der Liebe auch gegenüber dem Feind. Zahlreiche Priester wanderten wegen solcher Predigt in die Konzentrationslager.

Ludwig Volk, Akten deutscher Bischöfe über die Lage der Kirche 1933–1945, Bd. VI: 1943–1945 (Veröffentlichungen der Kommission für Zeitgeschichte, Reihe A: Quellen, Bd. 38), Mainz 1985 © Verlag Ferdinand Schöningh

M4.5 Konrad Adenauer

Privater Brief Konrad Adenauers an den Bonner Pastor Bernhard Custodis vom 23. Februar 1946:

Nach meiner Meinung trägt das deutsche Volk und tragen auch die Bischöfe und der Klerus eine große Schuld an den Vorgängen in den Konzentrationslagern. Richtig ist, dass nachher vielleicht nicht viel mehr zu machen war. Die Schuld liegt früher. Das deutsche Volk, auch Bischöfe und Klerus zum großen Teil, sind auf die nationalsozialistische Agitation eingegangen. Es hat sich fast widerstandslos, ja zum Teil mit Begeisterung [...] gleichschalten lassen. Darin liegt seine Schuld. Im Übrigen hat man aber auch gewusst – wenn man auch die Vorgänge in den Lagern nicht in ihrem ganzen Ausmaße gekannt hat –, dass die persönliche Freiheit, alle Rechtsgrundsätze, mit Füßen getreten wurden, dass in den Konzentrationslagern große Grausamkeiten verübt wurden, dass die Gestapo, unsere SS und zum Teil auch unsere Truppen in Polen und Russland mit beispiellosen Grausamkeiten gegen die Zivilbevölkerung vorgingen. Die Judenpogrome 1933 und 1938 geschahen in aller Öffentlichkeit. Die Geiselmorde in Frankreich wurden von uns offiziell bekannt gegeben. Man kann also wirklich nicht behaupten, dass die Öffentlichkeit nicht gewusst habe, dass die nationalsozialistische Regierung und die Heeresleitung ständig aus Grundsatz gegen das Naturrecht, gegen die Haager Konvention und gegen die einfachsten Gebote der Menschlichkeit verstießen. Ich glaube, dass, wenn die Bischöfe alle miteinander an einem bestimmten Tage öffentlich von den Kanzeln aus dagegen Stellung genommen hätten, sie vieles hätten verhüten können. Das ist nicht geschehen und dafür gibt es keine Entschuldigung.

Konrad Adenauer: Briefe über Deutschland 1945–1955, München 1999, S. 40–42 © Goldmann

© bpk/Kurt Rohwedder

Konrad Adenauer
*5. Januar 1876 +19. April 1967
Der erste Bundeskanzler der Bundesrepublik Deutschland (1949–1963)

M 4.6 Die Katholische Kirche 1975

Aus dem Beschluss der Gemeinsamen Synode der katholischen Bistümer in der Bundesrepublik Deutschland vom 22. November 1975:

Wir sind das Land, dessen jüngste politische Geschichte von dem Versuch verfinstert ist, das jüdische Volk systematisch auszurotten. Und wir waren in dieser Zeit des Nationalsozialismus, trotz beispielhaften Verhaltens einzelner Personen und Gruppen, aufs Ganze gesehen doch eine kirchliche Gemeinschaft, die [...] sich zu stark von der Bedrohung ihrer eigenen Institutionen fixieren ließ und die zu den an Juden und Judentum verübten Verbrechen geschwiegen hat. Viele sind dabei aus nackter Lebensangst schuldig geworden. Dass Christen sogar bei dieser Verfolgung mitgewirkt haben, bedrückt uns besonders schwer. [...] gerade unsere deutsche Kirche [muss] wach sein gegenüber allen Tendenzen, Menschenrechte abzubauen und politische Macht zu missbrauchen, und indem sie allen, die heute aus rassistischen oder anderen ideologischen Motiven verfolgt werden, ihre besondere Hilfsbereitschaft schenkt, [...] Wir sehen eine besondere Verpflichtung der deutschen Kirche innerhalb der Gesamtkirche gerade darin, auf ein neues Verhältnis der Christen zum jüdischen Volk und seiner Glaubensgeschichte hinzuwirken.

Gemeinsame Synode der Bistümer in der Bundesrepublik Deutschland. Beschlüsse der Vollversammlung, Freiburg/Basel/Wien 1976 © Herder

M 4.7 Die Evangelische Kirche 1980

Stellungnahme der Evangelischen Kirche im Rheinland zum Themenkreis »Christen und Juden« vom 11. Januar 1980:

(1) Wir bekennen betroffen die Mitverantwortung und Schuld der Christenheit in Deutschland am Holocaust [...].
(2) Wir bekennen uns dankbar zu den »Schriften« (Lk. 24, 32 und 45; 1 Kor. 15, 3f), unserem Alten Testament, als einer gemeinsamen Grundlage für Glauben und Handeln von Juden und Christen [...]
(3) Wir bekennen uns zu Jesus Christus, dem Juden, der als Messias Israels der Retter der Welt ist und die Völker der Welt mit dem Volk Gottes verbindet [...].
(5) Wir glauben mit den Juden, dass die Einheit von Gerechtigkeit und Liebe das geschichtliche Heilshandeln Gottes kennzeichnet. Wir glauben mit den Juden an Gerechtigkeit und Liebe als Weisungen Gottes für unser ganzes Leben. [...]
(7) Wir stellen darum fest: Durch Jahrhunderte wurde das Wort »neu« in der Bibelauslegung gegen das jüdische Volk gerichtet: Der neue Bund wurde als Gegensatz zum alten Bund, das neue Gottesvolk als Ersetzung des alten Gottesvolkes verstanden. Diese Nichtachtung der bleibenden Erwählung Israels und seine Verurteilung zur Nichtexistenz haben immer wieder christliche Theologie, kirchliche Predigt und kirchliches Handeln bis heute gekennzeichnet. Dadurch haben wir uns auch an der physischen Auslöschung des jüdischen Volkes schuldig gemacht. [...] Darum verneinen wir, dass das Volk Israel verworfen oder von der Kirche überholt sei.
(8) Indem wir umkehren, beginnen wir zu entdecken, was Christen und Juden gemeinsam bekennen: Wir bekennen beide Gott als Schöpfer des Himmels und der Erde [...]. Wir bekennen die gemeinsame Hoffnung eines neues Himmels und einer neuen Erde und die Kraft dieser messianischen Hoffnung für das Zeugnis und das Handeln von Christen und Juden für Gerechtigkeit und Frieden in der Welt.

www.ekir.de/www/downloads/ekir2008arbeitshilfe_christen_juden.pdf, S. 97 f.

M 5 Fotomontage von John Heartfield

Dieses Werk des deutschen Künstlers John Heartfield (1891–1968) wurde im Juni 1933 in der »Arbeiter-Illustrierten Zeitung« Nr. 23 veröffentlicht.

Download des E-Books unter:
www.v-r.de/Dialog_RU_Sek1
Code: CYCjGtNA